普通の主婦がネットで4900万円稼ぐ方法

女性のためのネットスキルアップ塾
彩塾　塾長
山口朋子

フォレスト出版

はじめに

数年前まで普通の主婦、収入はゼロ

私は、数年前まで専業主婦でした。

ネットで稼ぐどころか、収入ゼロの普通の主婦です。

娘を出産する前は、パソコンを使ったことはあったものの、前職の業務に使うためのソフトしか知らず、家のパソコンは、ごくたまにネットで買い物をするか、ネットサーフィンする程度の活用しかしていませんでした。


産後まもなく、マンションの一室での慣れない初めての育児と、社会から離れてしまった寂しさから、私は産後うつになってしまいます。

家事も育児も身のまわりのことも、何もかもできなくなってしまい、主人が会社を退職し、家事や育児を手伝ってくれるようになりました。

おかげで、少しまわりのことに興味を持てるようになった私が最初に始めたことが、インターネットに関する勉強でした。オークションサイトでの不要品の売買をきっかけに、独学でホームページの作成を学び始めたのです。

まだ小さい娘を置いて働きに出なくても、自宅にいてパソコン1台で収入につながることが何かできるようになれば、という思いからでした。

インターネットで新しい目標を

オークションサイトで、独身時代に買ったブランドものなどを出品し、現金に換えているうちに、私はインターネットの可能性に目覚めました。

私が自宅で商品の写真を撮り、文章を書いて出品すると、どこかの知らない誰かが、その商品を検索して見つけてくれて、買ってくれる。

私には不要なものでも、それを必要とする人の手に渡り、喜ばれる。そして、代金が私の口座に入金される。すばらしいシステムだなと思いました。小さなオークションサイトの世界だけでなく、これからは、個人がサービスや商品をネット上で提供し、それを必要とする人が検索して見つけ、個人対個人の取引がネット上で頻繁に行われるだろう、そんな予感がしました。

2001年。まだADSLも一般的ではなく、ネット環境もよくない時代でしたが、私の中では、ネットでビジネスを行うしくみをもっと学んでみたい！ という強い欲求が芽生えました。

それが、産後うつの終わりの合図でした。

私は、新しい目標を見つけ、育児をしながら、ネットの勉強にハマりました。

まだブログもない時代、手打ちのHTMLでホームページを作り、育児日記の公開を始めます。

そして、そこにアフィリエイトという広告バナーを貼り、ホームページから収入を得ようと目論《もくろ》みました。ですが、そんなに簡単ではなかったのです。

ホームページは作れるようになったし、けっこうたくさんの友達が見てくれるようになったのに、なぜ収入にならないんだろう？

そのときの私はまだネットでビジネスをする、ということの全体像が見えていなかったのでした。

わずか3年間で4900万円の売り上げ

月日は流れ、私はアフィリエイトで月に100万円以上の収入を得るようになり、それとは別に、インターネット上で自分の情報商材の販売を始めました。無名の主婦が、広告費を1円も使わずに、わずか3年ほどで4900万円の売り上げをあげるようになりました。

インターネットの知識もなく、人脈もなく、広告に使うお金もなかった普通の主婦が、どんなやり方でネットを活用してきたのか、それをこの本でじっくりお話しさせていただきます。

家族の笑顔を増やしたいと考えているサラリーマンの皆さん、子育てしながら家庭を切り盛りしている主婦の皆さん、会社を退職してやりがいを探しているシニアの皆さん、これからインターネットを活用してビジネスをしてみたいと考えている方たちのヒントや参考になれば幸いです。

2013年2月　山口 朋子

もくじ

プロローグ

第1部

アフィリエイト
〜ネットスキルを身につけながら収入を得る

第2部

情報コンテンツ

～あなたにしか書けないコンテンツをネットで売る

第3部

コミュニティ活用ビジネス 187

～継続的な収入を得るしくみを作る

プロローグ　誰にでもチャンスはある

産後うつになってしまった私

この10年ぐらいで、〝普通の人〟がネット上で情報発信をして、お金を稼げる環境が急速に整いました。

私も何もないところから始めて、いまでは主婦を中心とした方々にネットビジネスの方法を学ぶ場を提供するまでになりました。

私にでもできたことです。誰にでもチャンスがあると言っていいでしょう。

私の場合、ゼロどころか、本当はマイナスからの出発でした。

２００１年に娘を授かるまでの私は、建築士として働いていました。人と会うのも働くのも大好きだった私は、出産の3週間前まで仕事を続けていました。

でも、出産を機に専業主婦になることに決めたのです。

主人は当時、出版社で働いていました。残業が多く、休日出勤などあたりまえという職場、娘が生まれた当時は、3日に一度ぐらいしか家に帰れないほど多忙でした。

ずっと外で働いていた私が、主人のいないあいだ娘と2人っきりで家にいるのです。おむつの交換とお乳をあげるので1日が終わってしまいます。そばにいて育児の仕方を教えてくれる人もいません。主人に話を聞いてもらいたくても、疲れ果てて帰ってくるので、何も言えません。言っても毎日変わりばえのしない私の話など聞いてくれません。

「私は何のために生まれてきたんだろう？」と思うようになりました。誰も私の気持ちなんか分かってくれない。孤独でした。まず、食欲がなくなりました。そのうち、おむつを替えるのも、電気をつけるのさえも面倒になりました。それでも、お乳だけはあげていました。さすがに娘を飢え死にさせてはいけないという気持ちだけは残っていたようです。

3日ぶりに帰宅した主人は、かなりびっくりしたと思います。夜だというのに部屋に灯《あか》りがついてなく、おむつを替えないから異臭が立ち込めている。赤ちゃんは泣きわめいている。「どうしたんだ」と呼びかけても返事がない。ようやく妻が産後うつで様子がおかしいと気づいたそうです。

これをきっかけに、以前からフリーライターとしての独立を考えていた主人は会社を辞めて、育児と家事を手伝ってくれるようになりました。いまでは本当に感謝していますが、当時の私は感謝も含めて、何の感情も湧いてきませんでした。

ホームページ作りで気をまぎらわす

自分が家にいるようになってもなかなか元気にならない私に、主人は「何か好きなことを始めてみたら?」と言ってくれました。

そのときに思いついたのが、インターネットで何か情報を発信することでした。何らかの方法で世の中とつながりたいという気持ちがあったのだと思います。外に出られない私は、ネットで買い物をしていたので、インターネットに対して、すでに多少の親しみはあります。ヤフオク(Yahoo! というサイトにあるオークションページ)に出品したこともありました。

情報発信といってもネタがないので、育児日記をつけることから始めました。

当時、ブログはまだ普及していませんでしたが、自分のホームページを持つ人が急速に増えていました。時間だけはたっぷりあったので、ＨＴＭＬ（ホームページを制作するための言語）の解説書を買ってきました。ヤフオクに出品しようと思うとＨＴＭＬの初歩的な知識が必要だったので、そういう言語があることは知っていたのです。

インターネットで何かをやろうとしたら、ＨＴＭＬを手打ちしないといけない時代でした。大変なのですが、うまくできると達成感があります。

私は夢中になってＨＴＭＬの勉強をしました。

ホームページを持つためには、ドメインという自分のアドレスが必要となります（技術的なことは、あとでお話ししますね。けっして難しくありません）。そういうものが必要だということから、実際の取り方まで本やネットで調べました。

こうして悪戦苦闘して育児日記のホームページを作っているうちに、気がつくとうつが治っていたのです。

もしも、ネットでお金が稼げたら……

まだネットビジネスの知識はなかったのですが、それでも使う立場として、かなりネットのことが分かるようになってきました。

他の人のホームページを見ていると、バナー広告（図1）というものが貼ってあることに気づくようになりました。バナー広告というのは、小さな長方形の広告画像です。それをクリックすると、商品や会社のサイトに移動します。

普通の人がなぜ自分のホームページに広告を貼るのか、最初は疑問だったのですが、調べていくうちに分かりました。バナー広告がクリックされて、その結果商品購入につながると、お金がもらえるということだったのです。このようなしくみをアフィリエイト（アフィリエイトについては、第1部で詳しくお話しします）ということも同時に知りました。2004年のことです。

ホームページに好きなことを書きながら、お金ももらえる。それってすごい！　と思いまし

図1. バナー広告

EMI Music Japan
最新のアーティスト情報や
歌詞をチェック!
無料会員登録はこちら
毎月変わる無料プレゼントも!
洋画DVD
映画ジャッジ!
JUDGE MOVIES
キーワードを入力
検索
映画ジャッジ！ 映画批評家のご紹介
レ・ミゼラブル - 青森 学
amazon.co.jp

た。「お金が稼げたらいいなあ……」という軽い気持ちで、いろいろなバナー広告を自分のホームページに貼りつけていきました。

結果は、皆さんの想像どおりです。まったくお金になりませんでした。当時は、アクセス解析（自分のサイトにアクセスした人数・滞留時間・訪問理由などを調べること）の知識もなかったので正確なところは分かりませんが、知り合いを除けば1日に数人ぐらいしか訪問者がいなかったと思います。

それでは何も稼げるわけがないのですが、私はアフィリエイトで稼げる人は特殊な才能の持ち主で、私のような主婦には無理だと思いこんでしまったのです。

最初は〝詐欺〟だと思った通信講座

お金にはなりませんでしたが、何か損をするわけでもないので、バナー広告は貼り続けていました。ときどき思い出したようにネットで調べて、ホームページをいじったりしたのですが、2年間ほとんど収入はありませんでした。

その頃、私はネットで英語の勉強をしようと思い、あるメルマガ（メールマガジンの略。メール形式で定期的に情報が送られてくるもの）を購読していました。

ある日、そのメルマガに、英語とぜんぜん関係ない案内が載っていることに気がつきました。ネットビジネスのやり方を教えてくれる通信講座の案内でした。講師自身がアフィリエイトで毎月1000万円以上の収入を得ていると書いてありました。

私は、自分のやり方とどう違うのか知りたくてしかたなくなりました。受講料は半年間で35万円。けっして安くはありません。それで主人に相談しましたが、「こんなの詐欺だよ」との意見。私も「やっぱりそうかな」と思いました。

でも、自分のやり方と比較したいという気持ちを抑えられません。高額なのが逆に「本当のこと」を教えてくれるようにも思えます。

さんざん迷いましたが、自分への投資だと思い、受講を決心しました。

そして、この投資は大成功だったのです！

素直に続けるうちに月収１００万円！

電子ファイルで送られてきたテキストを見て、その内容に愕然としました。自分が稼げなかった理由がよく分かったのです。

その理由を一言でいえば、「私のやっていることはママゴトだった。アフィリエイトはビジネスだったんだ！」ということに尽きます。

ホームページに来てくれた人が全員バナー広告をクリックしてくれるのなら、苦労はありません。実際にクリックしてくれる人は多くても１割程度と言われています。まずたくさんの人が来てくれることが必要です。その上で、バナー広告をクリックしたくなる人が増える（難しい言葉で言えばクリック率を上げる）工夫も必要です。私は、そういうことはまったく考えずに、偶然に頼っていました。それでは稼げるわけがありません。

どのようなことをすれば訪問者が増えて、クリック率を上げられるのかについては、あとで詳しくお話しします。

私はテキストに書いてあることに、素直に取り組みました。講師にメールで相談できるようになっていたので、つまずくとそれを利用しました。

その通信講座では、他の塾生ともネット上の掲示板でコミュニケーションが取れるようになっていました。そこに、「とにかくアイデアを100個出しましょう」というようなアドバイスがありました。講師からではなく、同じ塾生からのアドバイスは、普通は受け入れづらいものだと思います。でも、「私は初心者なんだから」と、これにも素直に取り組みました。

柔道を習うときには、最初から試合はできません。身につくまで受け身の練習をさせられます。アフィリエイトも同じで、最初から稼ごうと思ってもうまくいかないのです。まずは、多くの人が訪問してくれる充実したホームページを作る必要があります。この通信講座では、そのやり方を徹底的に教え込まれました。

半年後、ようやく「よし！　アフィリエイトを始めても大丈夫」というお墨付きをいただきました。私は、視力向上のためのレーシック手術のアフィリエイトを始めました。ちょうど自分がレーシック手術を受けたばかりで、題材としてはぴったりだと思ったからです。

ホームページを作成し、そこにアクセスを集める施策も行ったところ、なんと翌月、そのホームページから26万円のアフィリエイト報酬が発生したのです。

正しいやり方で作業すれば、ちゃんと結果は出てくるんだと確信した瞬間でした。

いままでのように偶然に頼るやり方ではなく、きちんとしたノウハウに沿って行えば、主婦でもアフィリエイトは難しくないということが分かりました。

その後、実践しながら、さらにスキルを身につけました。レーシック以外にもアフィリエイトサイトを増やしていきました。

そして1年後には月100万円以上のアフィリエイト報酬を得るようになっていました。

虐待死は他人事じゃない

アフィリエイトで稼げるようになりましたが、それだけでは毎月の収入は安定しないということがだんだん分かってきました。いろいろな要因で、収入が変動するのです。

そこで2008年の初めごろから、情報商材ビジネス（コンテンツビジネス）も並行して手掛けることにしました。そのやり方も、ネットビジネスの通信講座で学びました。

アフィリエイトを続けていると、ホームページ自体が情報のかたまりになります。その情報は自分が書いたものです。私は、いつのまにか情報提供のほうが楽しくなっていました。もともと「自分がここにいる」ということを発信したくてホームページ作りを始めたので、自然ななりゆきだったのかもしれません。ですので、自分の知っている情報を提供していく情報商材作りはまったく苦になりませんでした。そして、情報コンテンツビジネスを始めることで、収入が安定し始めました。

時間は少しさかのぼりますが、お隣に４人家族が引っ越してきたことがありました。ご夫婦と双子の姉妹でした。うちの娘と１つ違いだと聞いたので、仲良くしようとこちらからあいさつをするようにしていました。

ところが、お隣の奥さんはあいさつを返すどころか、目を伏せて家に引っ込んでしまいます。お子さんは、話しかけても反応がなく、娘が遊ぼうと言ってもすぐに家に入ってしまい、友達もできないとのことでした。

私はすぐに、お隣の奥さんは育児うつなのではないか、と思い当たりました。産後うつだったときの私と様子が一緒だったからです。奥さんはその後２回妊娠し、出産したようでしたが、結局、仲良くなれないまま、私の家族が引っ越しすることになりました。

1年後、テレビを見ていて、息がつまりそうになりました。あの奥さんが、2歳の男の子を虐待死させたというニュースが放映されていたからです。

私はたまたまネットを知って、自分の世界を広げ、収入ややりがいを得ることができたおかげで、彼女のように、育児ストレスでまわりが見えなくなることもなかったのだと思いました。あの奥さんも、育児だけでなく、自分の世界を持つことができていたら。ネットで、他のママと関わったり、好きなことができていたら、最悪の結果は招かずに済んでいたかもしれません。

マスコミは、子どもを虐待する親を、人間失格のように報道します。中にはそう言われてもしかたのない親もいるかもしれません。しかし、実際には〝普通の人〟が精神的に追い詰められて子どもを虐待し、最悪の場合には殺《あや》めてしまうことだってある、と思うのです。

それが許されるとは思いませんが、紙一重まで来ている人がたくさんいます。実際、私がそうでしたから……。

そう思うと、彼女とコミュニケーションを取らず、話を聞いてあげることもできなかった自分に後悔の念が湧いてきました。

主婦が輝ける場を！

この事件があるまで、私はママ友たちに、ネットで稼いでいる話は一切していませんでした。

ママ友たちのほとんどは、子どもが保育園や幼稚園に通うようになるまで働きに出ることができません。

やっと働きに出ても、けっして高いとは言えない時給でのパートタイムです。主婦が集まる井戸端会議では、どこそこの時給が10円高い、安いというような話で盛り上がっています。とても、「ネットで月１００万円稼いでいる」などと言える雰囲気ではありませんでした。私は、主人の稼ぎだけでやりくりする主婦を演じていたのです。

でも、この事件があってから、私は考えを改めました。

パートや内職、ダンナさんの収入のことで愚痴を言っている彼女たちに、「こんな方法もあるよ」と伝えてあげようと思ったのです。

ちょうど、あるママ友に「ももかちゃん（娘の名前です）ちって、家族でよく海外旅行に行ったり、ママも子どもも習い事をたくさんしたりしてるようだけど、ももかちゃんママって働いてるの？」と聞かれたことがありました。

それをきっかけに、ママ友たちにインターネットを使い、自宅で収入を得るアフィリエイトのことを話すようになりました。

時給800円だと、100時間働いても8万円の収入です。しかも子どもやご主人の帰宅時間を気にしながらの労働です。

それだったら、家にいながら好きなことをして収入を得られたほうが、自分もやりがいを感じられるでしょうし、ママの笑顔も増えるでしょう。そうなれば、家族全体が幸せになれると思いました。

月100万円稼ごうと思ったら、いろいろと大変な面もありますが、パートで稼いでいる額でよければ（扶養家族控除のことがあるので、それで十分という人も多いのです）、1日1～2時間ほどの作業で稼ぐことも可能です。

ママたちに無料でアフィリエイトを指南

私は、アフィリエイトに興味があるというママたちを2、3人ずつ自宅に招いて、アフィリエイトのやり方を教えることにしました。主にブログを使ったアフィリエイトで初心者でも気軽に始められるものです。

数ヵ月すると成果が出始めるママもいて、「この方法を教えてくれてありがとう」と言われるようになりました。それまで、アフィリエイトを1人でやっていたときには、収入は増えていっても、誰からも「ありがとう」と言われたことはなかったので、誰かに「ありがとう」と言われるのはうれしいなと思いました。それが、主婦のための塾を始めようと思ったきっかけです。

アフィリエイトでも情報商材でも、根底に「お役立ちの気持ち」がないとうまくいきません。ママ友に教えるようになる以前は、「自分が稼げればそれでいい」という気持ちもありましたが、この頃には、関わる人みんなが幸せになれるほうがいいという心境に変わってきました。

「みんなが幸せになれることをビジネスにしたい」と、強く思うようになったのです。

そこで、「主婦が輝ける起業塾」を作ろうと、2008年に〝彩塾〟を立ち上げました。女性が好きなことで起業するためのネットスキルを身につける場として、オンラインで学ぶことができ、365日のサポート体制を整えた塾です。これが、育児・介護中の主婦たちのニーズにヒットし、順調に塾生が増え2009年には法人化することになりました。

2013年2月現在で、女性を中心に280名の方に学んでいただいています。

〝彩塾〟の成果を見ていて、もっと多くの方に、「誰でもネットで稼げるチャンスがある」ということをお伝えしたくなりました。主婦以外にも、このことを知るだけで人生が拓《ひら》ける方がたくさんいらっしゃるはずです。

稼ぐ額は努力の量に比例しますので、「誰でも月100万円稼げる」と言い切ることはできません。でも、方法自体は、普通の主婦でもできたくらいですから、難しいものではありません。

また、インターネットを活用したビジネスの方法は、社会貢献をしたいが資金がない、地域を活性化させたいのだが方法が分からない、というような方のお役にも立てるかもしれません。

このような想いで、いまではセミナーも開催するようになりました。でも、もっと多くの方に知っていただきたい。それで、本を書くことにしたのです。

ネットで継続的に収入を得るための3ステップ

私がお伝えしたいことは、ネットで継続的に収入を得るための方法です（もちろん、そこまでいかなくても、家にいてお小遣いを稼ぐ程度でいいという方にもお役に立つ内容になっています）。

ネットで継続的に収入を得るまでには、3つのステップがあります（図2）。

最初のステップは、「アフィリエイト」です。詳しくは、第1部でお話しします。

アフィリエイトから始める理由は、それがネットスキルを学ぶために最適だからです。ホームページの作り方から、アクセスの集め方までアフィリエイトを通じて学ぶことができます。

また、ネットビジネスのしくみの理解にもアフィリエイトは役に立ちます。続けていくうちに、ネット上で必要な文章力やデザインセンスも身につけることができます。
要するに、アフィリエイトによってネットビジネスの基礎が身につくということなのです。

次のステップが「情報コンテンツ」です。情報コンテンツとは、情報商材やKindleなど電子書籍を含みます。詳しくは第2部でお話しします。

あなたにしか書けないコンテンツをネットで販売することで、アフィリエイトだけのときよりも収入が安定します。情報商材を売るためには、告知などで他の人の協力が必要になりますので、たくさんの方にお願いしているうちに人脈もできます。情報商材が売れれば、ネットビジネス界でのブランドも確立できます。何よりもうれしいのは自分のファンがつくことです。

ちなみにコンテンツとは、内容、中身という意味ですが、情報コンテンツとは、情報を伝える文章や映像、画像のことです。電子書籍であれば、中に書いてある文章、画像を指します。

最後のステップが、「コミュニティ活用ビジネス」です。詳しくは第3部でお話しします。
コミュニティ活用ビジネスは、ネットとリアルの中間にあるようなビジネスです。たとえば、オ

図2.

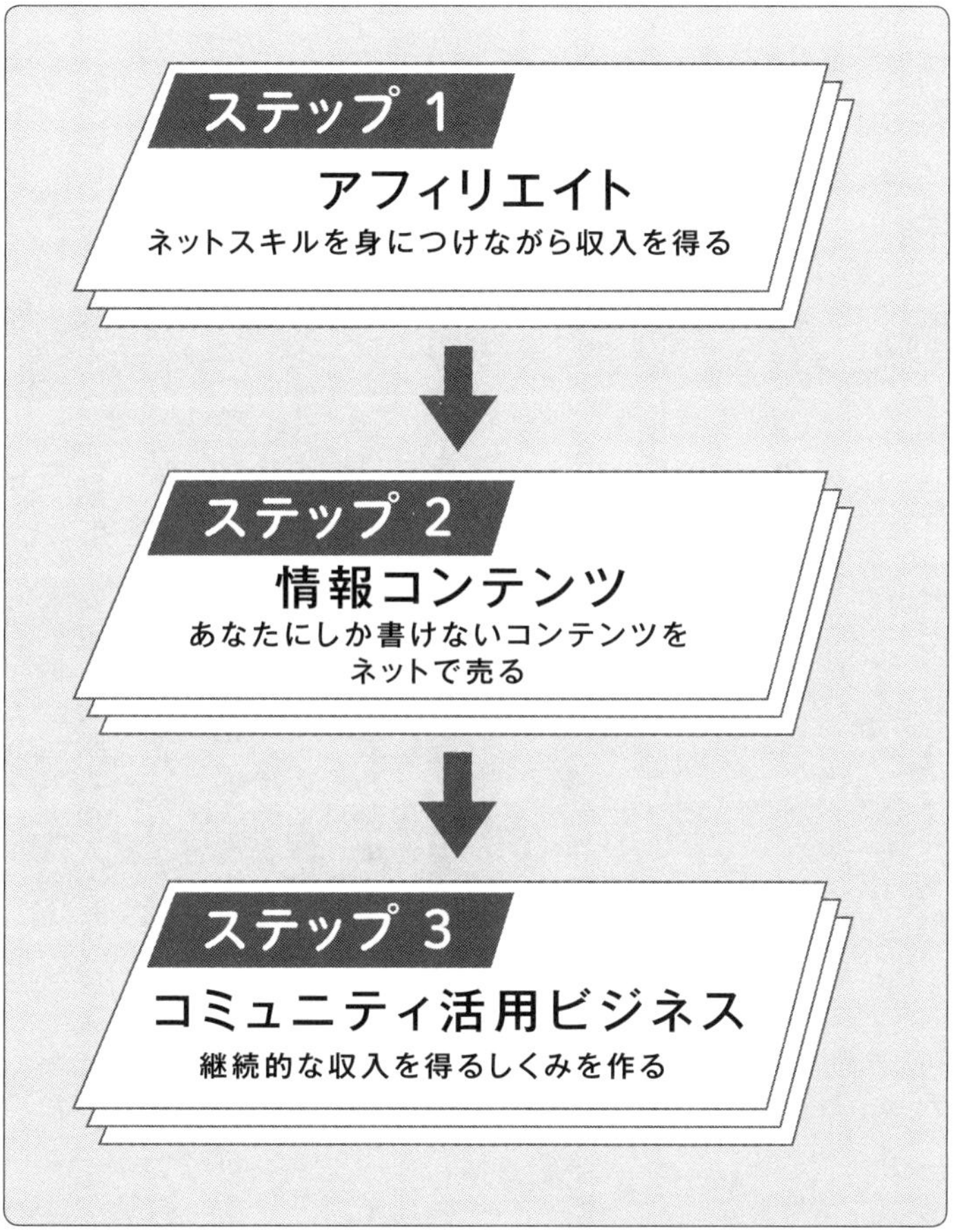
ステップ 1
アフィリエイト
ネットスキルを身につけながら収入を得る
ステップ 2
情報コンテンツ
あなたにしか書けないコンテンツを
ネットで売る
ステップ 3
コミュニティ活用ビジネス
継続的な収入を得るしくみを作る

ンラインでのスクール系のビジネスなどがそうです。

会員制のビジネスなので、定期的に安定した収入が入ってきます。きちんとしたサポートを続けていれば、会員が新しい会員を連れてきてくれるので、営業活動も楽になります。

さらに、会員の中には、コミュニティ活用ビジネスを始める人が出てきますので、その人の新しいコミュニティと交流することで一気にビジネスの幅が広がってきます。

コミュニティ活用ビジネスをいきなり始める人もいます。ただし、それができるのは、集客力とコンテンツ作成能力をすでに持っている人です。〝普通の人〟でいきなり始められる人は珍しいでしょう。

しかし、アフィリエイトで集客について学び、情報商材でコンテンツ作成能力を身につけた人であれば、それだけの力はついているはずです。

なぜ3ステップなのか

「私はアフィリエイトだけで十分、それだけ教えてください」という方もいらっしゃるかもしれません。そのような方は、第1部だけ読んでいただいても、この本の代金分はすぐに元が取れると思います。

ただ、アフィリエイトは、収入が安定しないのです。

詳しくは本編でお話ししますが、「ネットビジネスで5年以上続くビジネスはほとんどない」と言われています。多くのものが、それ以前に消えていきます。

たとえば、ほんの数年前までは携帯アフィリエイトでものすごい額を稼いでいる人がたくさんいました。スマートフォン全盛のいま、これから携帯アフィリエイトを始めようという方がどれくらいいるでしょうか？　ネットビジネスは、このように流行《はや》りすたりが激しく、常に新しいものを追いかける苦労をすることになります。

問題は、流行りすたりの早さだけではありません。アフィリエイトサイトは、多くの人が来てくれなければ意味がないので、当然誰でも閲覧できるように公開されています。アフィリエイトで稼いでいる人たちは、売れているアフィリエイトサイトを常に研究しています。

これは別に悪いことではありません。私もそうやって人のサイトを研究して、売り上げを伸ばしてきました。

しかし、みんなが真似をすると、売り上げが散らばっていきます。商品自体の売り上げが同じでも、いろいろなサイトで売れているので、サイト1つあたりの売り上げは少なくなっていきます。

また、アフィリエイトプログラムは、企業側の都合で突然提携が終了することもあります。

このように、アフィリエイトだけで収入を確保しようとすると、次々と新しい商品や売り方を追い求め続けることになります。

とはいうものの、アフィリエイトにはネットビジネスの基礎が詰まっていますから、最初はアフィリエイトから始めることをおすすめしているのです。

次々と新しいコンテンツを!

情報コンテンツビジネスは、アフィリエイトに比べれば安定しています。

商品であるコンテンツが、自分だけにしか作れないものだからです。誰かの都合で急に販売停止になることもありません。

ただし、普通の本と同じで、1人の人が何度も買う性質のものではないので、ある程度まで売れるとあとは頭打ちになります。

したがって、次々と新しいコンテンツを出していく必要があります。アフィリエイトほど流行には左右されませんが、長期間、収入を安定させようとするとコンテンツ作成で苦労することになります。

しかし、次のステップであるコミュニティ活用ビジネスに必要なスキルが身につくので、飛ばせないステップです。

コミュニティ活用ビジネスで必要なスキルは、コンテンツ作成と人脈を作る力です。情報コンテンツビジネスは、コンテンツ作成能力だけでなく、人脈作りの力をつけるのにも役立ちます。というのは、コンテンツをネットで売ろうとすると、告知に協力してくれる他の人の協力が必要になるからです。人脈の作り方は、第2部で詳しく説明します。

コミュニティ活用ビジネスは、先ほども書いたように、継続性があり、安定収入が得られ、広がりやすいという長所があります。

せっかくネットビジネスを始めるのでしたら、コミュニティ活用ビジネスを目指して努力することをおすすめします。

もし、アフィリエイトや情報コンテンツビジネスまでで十分、コミュニティ活用ビジネスなんてハードルが高いと感じたとしても、ご自分のやりたいことの先に何があるのかを知っておいて損はないと思います。

3ステップで収入UP

私は、独学でアフィリエイトをしていた最初の2年間はほとんど収入がありませんでした。これは、ネットスキルがまったくなかったので当然のことです。

その後、ネットビジネス講座を受講して、約1年半でアフィリエイトの収入がピークになりました。ただ、アフィリエイトが不安定なことが分かってきたのと、ネットスキルもほぼ身についたので、この段階で情報コンテンツビジネスも始めています。

以降、アフィリエイトの収入は徐々に減っています。これは、追加の努力をあまりしなくなったからです。

情報商材のほうは大きくはありませんが、ある程度安定した収入をいまでももたらしてくれています。初期に3本ほど作ったものが、いまでも売れ続けています。ただし、新しい情報商材を追加していないので、先細りの傾向も見えるため、現在はKindle（アマゾンが製造・販売する電子ブックを読むための機器）で販売するための電子書籍を作成中です。

情報商材の売り上げがピークになったころに、コミュニティ活用ビジネスを開始しています。コミュニティ活用ビジネスを始めて、収入はどんどん増えてきました。

もちろんコミュニティ活用ビジネスでも、いろいろな努力をしています。ただ、アフィリエイトのように次々と流行を追いかけながら、サイトの内容を変更していくというようなことはしていません。口コミや紹介で増えていく会員の分、収入も増えているということなのです。

アフィリエイトや情報商材で収入を得ていたときは、「ネットスキル×労働時間」の分だけ収入が増えるという感じでした。コミュニティ活用ビジネスを中心とするようになってからは、しくみで収入が入ってくるという感じに変わりました。

どちらが安定していて、生活に安心をもたらすかは、たとえば入院するような病気になったときなどのことを考えてみれば、お分かりになると思います。

稼げるようになるために必要なこと

さて、トップセールスでも敏腕実業家でもない、私たち〝普通の人〟が、ネットで稼げるようになるためには、必要なことが3つあります。

私は、この3つをまとめて〝相手想い〟（図3）と呼んでいます。

1つめは、自分のためではなく、誰かのためにがんばろうという気持ちです。

ビジネスはもちろん、どんなことでもモチベーション（やる気）がなければ続きません。新しいことに取り組もうと思えば、大きなエネルギーが必要です。

脳科学の分野で立証されていることによれば、人のためにがんばるときには、エンドルフィンという脳内物質が出ます。エンドルフィンには気分を明るく楽しくし、ストレスを吹き飛ばし、集中力を高める効果があります。人間は1人では生きていけない動物です。他の人と協力しあ

図3. 3つの“相手想い”

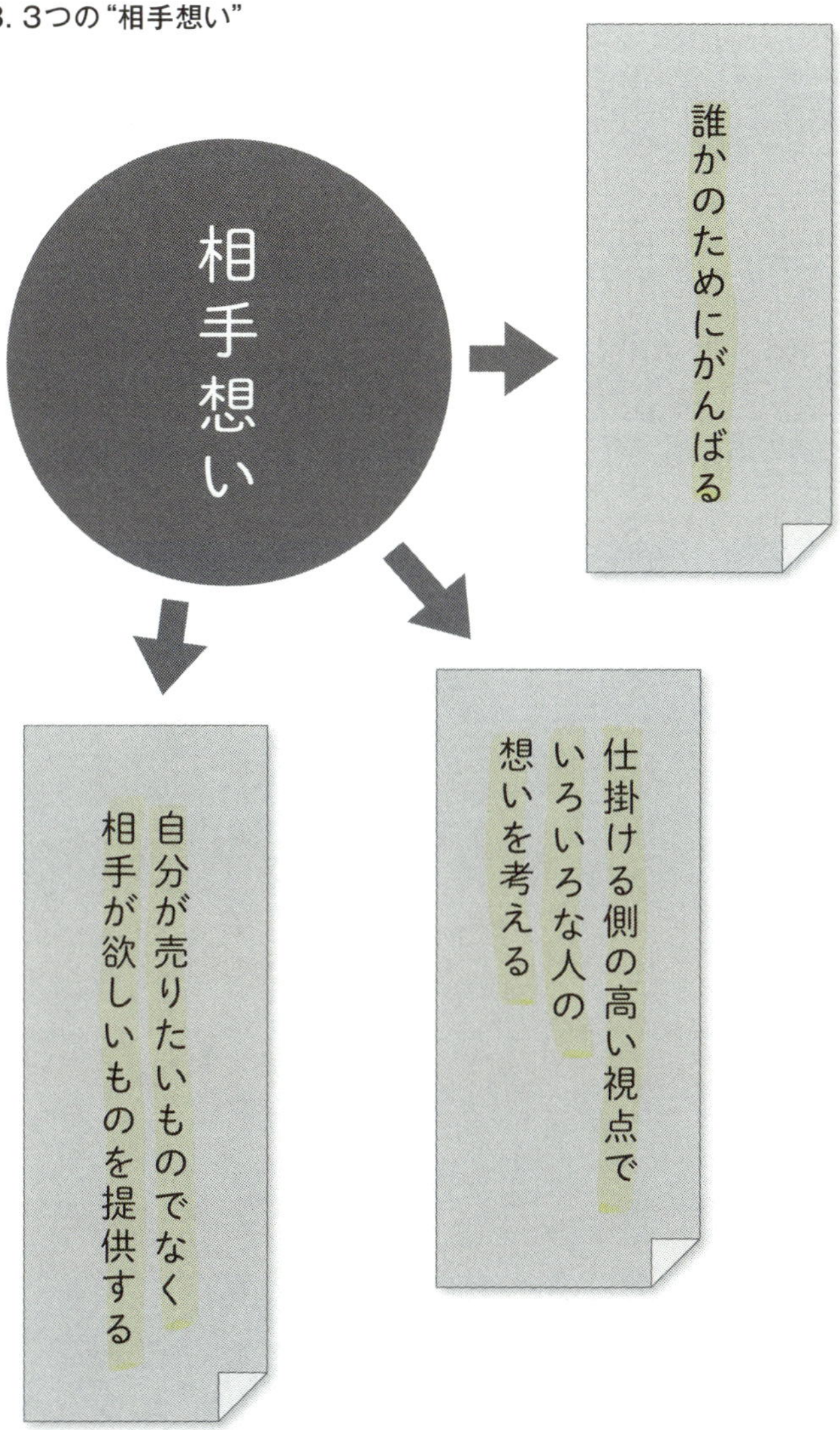
相手想い
誰かのためにがんばる
仕掛ける側の高い視点で
いろいろな人の
想いを考える
自分が売りたいものでなく
相手が欲しいものを提供する

うことで生き延びることができます。そのため、人の役に立っている〝報酬〟として、エンドルフィンのような物質が出るようになったと言われています。

つまり、誰かの役に立とうと思うほうが、自分のためにがんばろうと思うより、より大きなモチベーションとエネルギーが出るうえ、仕事の効率もよくなるのです。

私が、ネットで稼ぎたいと考えたのも、もともとは自分を支えてくれた家族に報いたいと思ったからです。「家族の笑顔を増やしたい」。これが、私がアフィリエイトを始めた動機でした。

お金がすべてではありません。しかし、お金があることで、できることは確実に広がります。それが家族の幸せにつながればいい。この気持ちがあったから、アフィリエイト講座の課題をやり切れたのだと思います。

2つめの〝相手想い〟は、自分が売りたいものではなく、相手が欲しいと思うものを提供しようという気持ちです。

これは、あたりまえのことですが、多くの人が忘れがちなことです。

電話営業に腹が立ったことはありませんか？　関心がないと伝えているのに、しつこく商品説明をやめません。腹が立つのは、相手が売りたいという気持ちでいっぱいなのを感じるからです。

でも、同じ商品でもたくさん売る人もいます。そういう人は、相手が何を欲しがっているのか、どういうことを解決して欲しいのかをきちんと調べています。その上で、相手が欲しいと思う方向に、上手に話を持っていくのです。

これはアフィリエイトでも情報商材でも一緒です。全員が買ってくれる商品はありません。でも、同じ商品でも多く売る人とまったく売れない人がいます。その差は、相手のことをどこまで想像できているかの差、すなわち、〝相手想い〟の差なのです。

仕掛ける側の視点を持つのも〝相手想い〟

3つめの〝相手想い〟は、利益を出したい企業側の思いを汲みとる視点を持つということです。

たとえば、ネットでは一見すると不思議な現象があります。無料資料請求で報酬が発生するアフィリエイトというのがあります。5000円の商品を売った報酬として1000円もらえるのなら話は分かりますが、無料資料請求を1件獲得するごとに300円もらえるとしたら、どこからそのお金が出ているのか不思議に思いませんか？　理由は、企業が見込み客のリストを欲しいからです。アフィリエイトを通してリストを集めているため、無料請求でも報酬が発生するのです。企業がそのリストを使い、販促活動をして利益を出すそのサポートを、私たちアフィリエイターがするのです。アフィリエイトは、商品やサービスを提供する企業とそれを購入するお客様をつなぐ役割を持ちますから、お客様側だけではなく、企業の視点を持つのも、〝相手想い〟につながります。

仕掛ける側の視点でいろいろと考えることは、結果としてビジネス脳を鍛えることにつながります。ビジネス脳が鍛えられることによって、アフィリエイトや情報商材販売の収入が増えていきます。さらにコミュニティ活用ビジネスでは、もっと高度なビジネス脳が必要になってきます。

以上、3つの〝相手想い〟の話をしました。〝相手想い〟について深く理解して欲しいというのが、私の経験や想いを長々とお伝えした理由です。

最初のほうでいきなり〝相手想い〟などと言いだしたとしたら、口先だけのきれいごととととらえる方もいると思うのです。でも、私の経験や想いを知ってからでしたら、そのように考える方は少ないでしょう。

ネットスキルやテクニックだけでは、ネットビジネスはうまくいきません。〝相手想い〞の気持ちがないと、すぐに見抜かれます。一時的に稼げても長続きしないのです。

本編でも、〝相手想い〞という言葉はたびたび出てきます。

どうか、この言葉だけは忘れないでください。

本編に入る前に大事なこと

ここまで長くなりました。早く稼ぐためのスキルやテクニックを教えて欲しいと、じりじりしている方もいるかもしれませんね。

本編に入る前に、もう1つだけお付き合いください。

次のシート（図4）を埋めて欲しいのです。

大事なのは、目標を掲げて、それを達成すると決めること。達成するためには理由が必要ですし、〝相手想い〞のところで書いたように、誰かを喜ばせたいという気持ちも必要です。

図4. ワークシート1

本編に入る前に!

なぜ、あなたはネットで収入を得たいのですか?

それはどのくらいの**金額**を目標としているのでしょうか?

いつまでにそれを達成したいのですか?

それを達成するために、1日どのくらいの**時間**をあてられますか?

ネットで収入を得ることで、**誰を**喜ばせたいのでしょうか?

金額と期限（いつまでに）と、勉強や作業にあてられる時間には、強い関係があります。この3つのバランスがいいかもよく考えてみてください。無理は続きません。楽しく、長続きさせることを優先しましょう。

私は、独学でアフィリエイトを始めた最初の2年間は、このシートのような観点がなく、やみくもに作業をしていました。その結果、ほとんど収入がありませんでした。

アフィリエイトの勉強を始めたときに、ある方からいただいたアドバイスなのですが、目標を達成するためには、まず具体的な目標や方法を考える必要があるのです。これらを意識するようになったら、半年で収入が得られるようになりました。

自分がどこに向かっているのかが分からないと、モチベーションを保つことができず、結果としてビジネスは成功しません。

5分間で結構です。立ち止まって考えてみてくださいね。

第1部

アフィリエイト

～ネットスキルを身につけながら収入を得る

アフィリエイトとは何か？

第1部では、最初のステップであるアフィリエイトについて詳しくお伝えします。

プロローグでも簡単にお話ししましたが、アフィリエイトとは何かをまず説明します。

アフィリエイトとは、「その商品が欲しい人に、自分のホームページなどを経由して、商品を購入してもらい、報酬を得るしくみ」のことです。

と言っても分かりづらいと思いますので、図（図5）で説明しますね。

まず、あなたのホームページ（ブログやメルマガでも構いませんが、以下ホームページで説明します）に企業の広告を掲載します。これは、すでにお話ししたバナー広告のときもありますし、テキスト（文字のこと）の場合もあります。

あなたのホームページを見た人が広告をクリックすると、企業のサイトが表示されます。その人が、そのサイトで商品を買うなど企業がして欲しい行動を取ると、報酬が発生し、あなたの指定した銀行口座などに振り込まれます。

図5. アフィリエイトとは

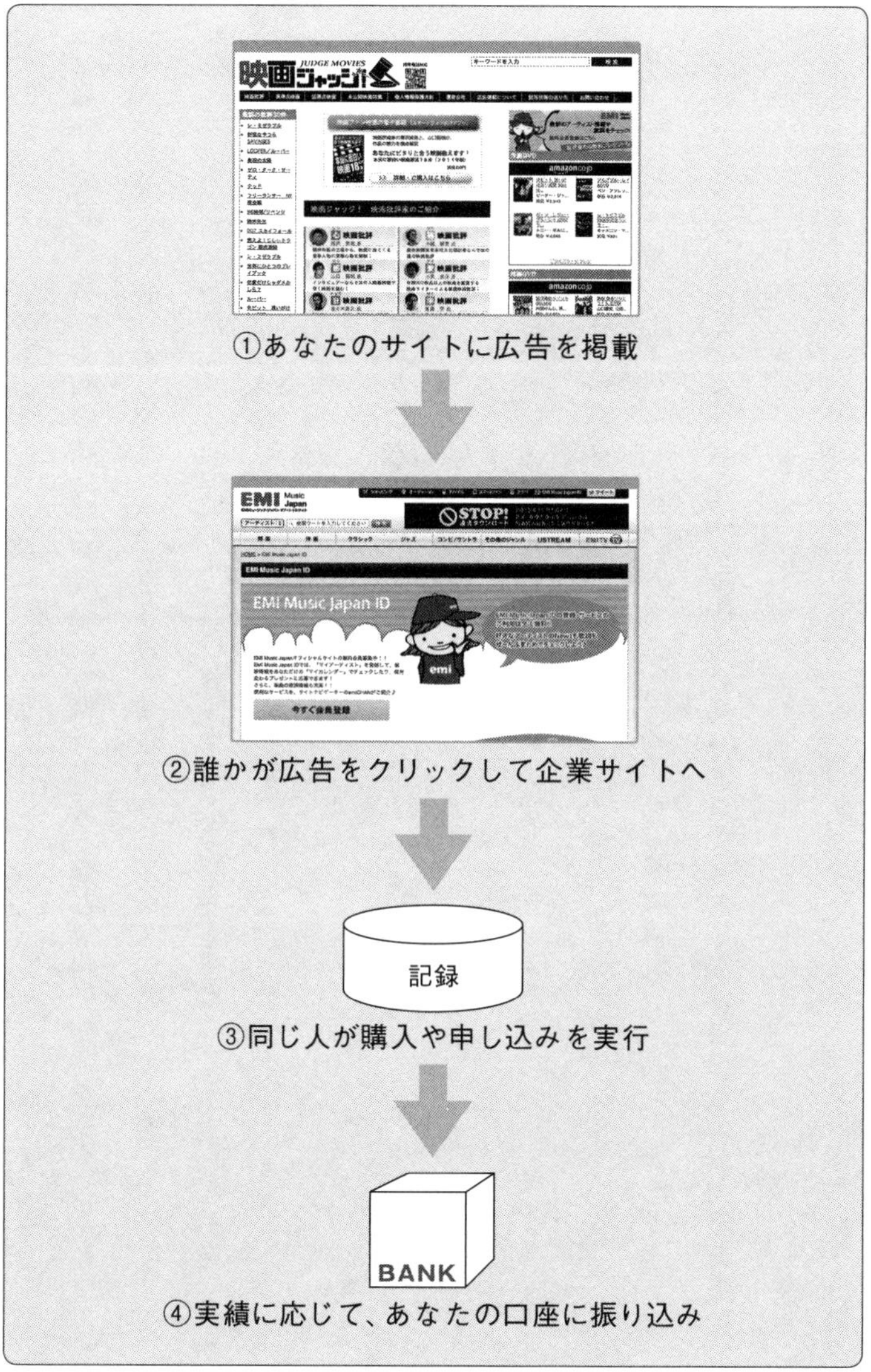

①あなたのサイトに広告を掲載
②誰かが広告をクリックして企業サイトへ
記録
③同じ人が購入や申し込みを実行
BANK
④実績に応じて、あなたの口座に振り込み

ここで不思議なのは、報酬が発生するのは商品が売れたときだけではないということです。たとえば、無料サンプルや無料の情報商材、あるいは無料セミナーなど無料のものを紹介したときにも報酬が発生する場合があります。なので、さきほど「企業がして欲しい行動」と書いたのです。

これは、どういうことなのでしょうか？　この答えはあとで書きますが、こういうことを考えるのも〝相手想い〟の1つです。答えを見る前にちょっと考えてみてはいかがでしょう。

ネットスキルを磨くためにアフィリエイトは最適

アフィリエイトのおおまかな考え方は理解できたと思います。

さて、なぜアフィリエイトから始めるのがいいのでしょうか？

プロローグでは、「アフィリエイトにはネットビジネスの基礎が詰まっています」と書きました。

たとえばサイトアフィリエイトであれば、具体的にどのようなスキルが身につくのか、箇条書きにしてみます。

・ホームページを制作するスキル
・ホームページを見た人を誘導するための文章力・デザイン力
・ホームページに人を集めるスキル

大きく3つです。

最初の2つを難しく感じる人がいるかもしれませんが、いまは私が始めたときよりも、ずっとハードルが低くなっています。

いまも昔も難しいのが、3つめの「ホームページに人を集めるスキル」です。この本では、これについて特に大きくページを割いて説明しますね。もちろん、他の2つも説明します。

さて、ここで私からの提案です。それは、アフィリエイトは収入を得る手段だという考え方を捨てましょう、ということです。

皆さんは、ネットで収入を得たいという気持ちで、この本を手に取ったのだと思います。それはもちろん分かっていますし、私もその気持ちに応えるために、この本を書いています。

しかし、ネットビジネスだけではなく、どんなビジネスでも基礎を身につけなければ、かえって遠回りになります。「急がば回れ」と言いますよね。

最短距離を行こうとすると、かえって時間がかかるし、場合によっては達成できないこともあります。

富士山をまっすぐ頂上まで登ろうとしても無理なのと同じです。無理をすると楽しくなくなり、結局あきらめるということになりがちです。

それよりも、アフィリエイトを、「ネットスキルを学ぶ手段」と位置付けて、自分が興味のあることや好きなことをテーマに、ブログやホームページを作り、楽しくやって欲しいのです。

最初はなかなか報酬がついてこなくて、焦るかもしれません。でも、私の例を思い出してください。

半年間、とにかく基礎を固めました。ただ、その間、ずっと楽しくやっていたのも事実なのです。楽しくできるように工夫してみましょう。そのほうが結果として続きます。そして、収入もついてくるようになります。

ヤフオクとアフィリエイトは似ている

私はアフィリエイトをやる前にヤフオク（Yahoo! オークション）に出品していました。いらなくなったブランド物のバッグや洋服を出品したのが始まりでした。娘が生まれてからも続けていたので、幼児服なども出品しました。家で不要になったものを手当たり次第にヤフオクで売ってしまったあとは、ヤフオクで仕入れたものをヤフオクで売るようになりました。延べ１０００人以上の方に、ヤフオクで販売した実績があります。

その意味では、皆さんより少し経験があったかもしれません。実際、ヤフオクでの経験がアフィリエイトでも活きました。

ヤフオクでも、出品物が売れている人とそうでない人がいます。どこで違いが出るのでしょうか？

たとえば、子どものワンピースが小さくなって着られなくなったのでヤフオクに出品する、という例で考えてみましょう。

ヤフオクでは、常に大量の商品が出回っています。購入者は欲しい商品を探すために、ヤフオクの検索窓に検索キーワードを入れます。「女児ワンピース」と入れてみると、450点以上出品されていました。

ここで買い手の気持ちで考えてみてください。450点全部を見るでしょうか？　見ませんよね。当然、別の検索条件を付け加えます。たとえばサイズを入れるかもしれません。

今度は、「女児ワンピース90㎝」と入れてみました。すると、9件に減りました。これだと1ページに収まるので、比べてみようという気になります。

サイズを入れてみましたが、入れる条件はサイズではないかもしれません。色を入れる人がいるかもしれませんし、花柄にこだわる人もいるかもしれません。

特定のブランドが好きな人もいるでしょう。季節によっては卒園式や入学式に着せたいと考える人もいます。

たとえば、「女児ワンピース 入学式」で検索したら、3件しかありませんでした。目に止まり、選んでもらえる確率がものすごく高くなったわけです。

これが、私の言う〝相手想い〟です。購入する人が、購入するにあたって、どういう行動を取る

かを想像すれば、選んでもらえる確率がずっと高くなるのです。

あなたと商品を探している人をつなぐ検索キーワード

検索キーワードは、商品を提供しているあなたと商品が欲しい人をつなぐものとなります。いろいろな想定をして、文字数の制限範囲で（それこそ1文字も余らせないぐらいのつもりで）検索対象となる「タイトル」を考えるのが、選んでもらうコツなのです。

まずは検索に引っかからないと、いくらよい商品でも、この世に存在しないのと一緒です。検索に引っかかるようにすること、これが第一歩です。

検索で表示されても、それだけでは選んでもらえません。出品する商品の写真は自分で撮影します。この写真が暗かったりぼやけていては、買う気が失《う》せるでしょう。きれいな写真を載せることも必要です。

商品説明も大切です。これは機能や性能をうたうよりも、自分だったらどんな言葉が心に響くのかを考えましょう。たとえば、女児ワンピースだったら、「中古品。丸洗いＯＫ」などと書かれたものより、「娘が入学式で着た衣装です。その思い出と一緒に大切に保管してきました。あなたの娘さんにもぜひ晴れの場で着ていただきたいと思っています。クリーニング済みで、大変美品です」のほうが欲しくなりませんか？

ここまでは最低限必要なことです。それ以上のことをやれば、高値で落札される確率が高まっていきます。私の場合は、振込先の銀行を7つ用意しました。振込手数料は同じ銀行のほうが安くなります。そうすると、同じ銀行に口座を持つ人から選ばれやすくなります。

普通郵便や宅配便、メール便という具合に発送方法も落札された方が選べるようにしましたし、現金でなくても、切手や商品券などでも支払い可能にしました。

ここまでやると、相手は断る理由がなくなってしまいます。結果として、私は1000点以上の商品を高値で売ることができました。また、ここまでやるから、ヤフオクで安く仕入れて、高く売るということもできたのです。

確かに面倒でした。でも、その分〝相手想い〟になりました。これが、私がヤフオクで成功した理由なのです。

ヤフオクで成功した私がアフィリエイトで稼げなかった理由

私は、ヤフオクで成功したので、アフィリエイトも簡単に儲かると思っていました。ところが結果は、まったくダメ。最初は全然稼げませんでした。何が違っていたのでしょう？　〝相手想い〟では、アフィリエイトには通用しないのでしょうか？

いいえ。やっぱり〝相手想い〟が足りなかったのです。

当時は、アクセス解析（誰が・いつ・どこから・どのぐらい来て・どのページをどのくらいの時間見ていたかなどを調べること）の方法を知らなかったので、はっきりしたことは言えませんが、私のホームページ（育児日記）に来ていたのは、親戚やママ友だけ。多い日でも十数人だったと思います。それ以外の人が来る理由がないからです。

その人たちが、とにかく手当たり次第に貼った広告をクリックするわけがありません。まったく〝相手想い〟ができていませんでした。見に来るのは育児中のママが多かったので、いまなら育児関連グッズなどを自分の言葉で紹介すればよかったと思いますが、当時は報酬の高いパソコンやカメラなどの広告、つまり自分が売りたいものを載せていただけだったのです。

それだけではありません。仕掛ける側の視点、つまり、アフィリエイトをビジネスとしてとらえ、多くの人に見てもらう、知ってもらうという視点もありませんでした。

ヤフオクに来る人は、偶然来ているわけではありません。明確な目的を持ってヤフオクに来ています。なぜヤフオクに来ることができるかというと、ヤフオクを知っているからです。Yahoo!側でヤフオクに来てもらえるような働きかけ、つまり集客をしているのです。

たくさんの人が来ているので、私の出品商品も見つけてもらえたのです。ところが、私はそんなことにも気がつかず、十数名しか来ないようなホームページで商品を売ろうとしていました。これでは、売れるわけがありません。

稼げる人と稼げない人の違い

仕掛ける側の視点での〝相手想い〟について、少し詳しく説明します。

仕掛ける側の視点は、空を飛んでいる鷹の視点です。高いところから見ているので、視野が広くなっています。そのため、世の中の動きが見えています。

いっぽう、消費者側の視点は、地面をはう蟻の視点です。目の前しか見えないので、視野が狭くなっています。目の前の損得に一喜一憂しています。

買う相手に対して、〝相手想い〟をしようと言ってきたので、矛盾するように感じる人がいるかもしれません。消費者を蟻にたとえるなんてバカにしている、と思った人もいるかもしれません。

しかし、そうではないのです。

〝相手想い〟をするためには、高い視点で考えることが必要だということが言いたいのです。


アフィリエイトだけでなく〝ビジネス〟で成功しようと思ったら、いま何が売れているのかにアンテナを張っておく必要があります。また、無料サンプルのアフィリエイトでも報酬が得られるのはなぜかなどということも考えたり、調べたりする必要もあります。ビジネス脳が必要なのです。

ビジネス脳を持つことによって、本当にいいものや、本当に役に立つものを提供することができるようになります。そうなると自然と売れるようになるということなのです。

稼げない人は、自分の視点にこだわります。「自分がいいと思ったものは売れる」と思いがちです。

しかし、そうではないのです。

自分が売りたいと思うものではなく、相手が欲しいと思うものを提供することが、稼ぐコツです。

結局、高い視点でものを見ることは、〝相手想い〟につながるのです。

リストは何に使うのか？

ところで、先ほど「無料サンプルに報酬がつく理由」を考えてみてくださいと言いました。これはネットビジネスでは非常に重要な考え方になりますので、ここで詳しくお話ししたいと思います。テレビなどでよく「無料サンプルを差し上げます」というコマーシャルをやっていますよね。テレビのコマーシャルですから、かなりの広告宣伝費を使っているはずです。高額の費用を使って、無料のものを宣伝していることになります。

何のためにこんなことをしているのでしょうか？

それは、リストを作るためです。リストとは、これからお客様になってくれるだろう人、つまり見込み客の名前と連絡先を集めたものです。ネットビジネスでは、連絡先はメールアドレスになります。なお、見込み客の名前と連絡先を取得することを「リストを取る」と言います。

リストがあれば、見込み客にいろいろな働きかけができます。たとえば、無料サンプルが健康食品の場合だと、請求する人は健康食品、もっと言えば健康に関心がある人が多いはずです。その人たちに、健康食品の案内や健康増進に関する商品、あるいは健康に関するセミナーなどの案内を送れば、高い確率で反応してもらえることになります。

リストは、言ってみれば、ビジネスにおける最強のツールなのです。なので、企業は費用をかけてでもリストを取ろうとします。

一般にリスト1件を取るためのコストは、500円から1000円以上と言われています。ですので、無料サンプル1件の報酬が300円から500円ぐらいだとしても、不思議でもなんでもないことなのです。

企業は、リストを取るために広告宣伝費をかけています。アフィリエイトも広告宣伝の一種です。アフィリエイトで稼いでいる人たちは、一生懸命サイトやブログなどで人に商品を紹介してくれているわけですから、無料サンプル紹介でアフィリエイト報酬があるのは、自然なことなのです。

なお、無料のものを提供してリストを取るという手法については、よく覚えておいてください。

これは、情報商材ビジネスやコミュニティ活用ビジネスで、必要となる手法だからです。ネットビジネスでは、その場で購入されなくても、見込み客のメールアドレスがあれば、あとで何度でもメルマガ等で案内を送ることが可能です。

自己アフィリエイトから始めよう

「自分が売りたいものではなく、相手が欲しいと思うものを提供しましょう」と言いました。では、相手が欲しいと思うものを見つけるにはどうしたらいいのでしょうか？

ここで、私の2つめの提案です。

自己アフィリエイトから始めてみましょう。

自己アフィリエイトというのは、アフィリエイトの対象商品を自分で購入することです。つまり、自分で買ったにもかかわらず、そのアフィリエイト報酬分がもらえてしまうのです。

と聞くと、何だかいやらしいことをしているようですが、そうではありません。多くのアフィリエイトサービスプロバイダ（あとで詳しく説明します）が自己アフィリエイトを推奨しています。

なぜかというと、実際に商品を購入して使ってみた人の紹介のほうが、説得力があるからです。説得力のある紹介のほうが、当然ですが、売れます。よりよい宣伝をしてもらうために、割引価格で買ってもらうようなものだと理解してください。

自己アフィリエイトをするためにアフィリエイトサービスプロバイダ内のプログラムを隅々まで見ることで、次のことが分かってきます。

・どんなアフィリエイトプログラムがあるのか
・何の報酬が高いのか
・どんなプログラムが人気なのか
・なぜ無料資料請求に高い報酬がつくのか（これは先ほど説明しました）
・どんなページなら申し込みたくなるか

このときに、仕掛ける側の高い位置からの視点で見ることが必要です。

売れているプログラムを知るだけでなく、なぜこのプログラムは売れているのだろう？　と考えることです。報酬の高いプログラムであれば、「なぜこんなに報酬があるのだろう？」と考えてください。

考える習慣を身につけることで、視点がどんどん高くなっていきます。そうなると、いつの間にか稼げるようになっているはずです。

ネット以外にもアンテナを張る

何が売れているかを調べるには、ネット以外にもアンテナを張ることです。

テレビ・雑誌・新聞などにも目を通しましょう。ネットしか見ていないと、リアルな現実が見えなくなります。

口コミも大事です。

私は、起業して以降、日中にテレビを見る時間がほとんどなくなってしまいました。ママ友や彩塾に集まる主婦たちの話についていけなくなることがしばしばです。彼女たちは、テレビで商品を知るんですね。私は、いつも彼女たちから、いまリアルで売れている商品を教えてもらっています。

このような商品はネットだけ見ていると意外と気づかないものです。リアルで売れている商品を見つけてアフィリエイトすれば、競争相手が少ないので、稼げることがあります。

ASP（アフィリエイトサービスプロバイダ）とは？

さて、たとえ自己アフィリエイトでも、アフィリエイトを始めようと思ったら、アフィリエイトサービスプロバイダ（以下、ASPと言います）に登録する必要があります。

ASP（図6）とは、企業とアフィリエイター（アフィリエイトをする人）との間に入る代理店です。

企業は、ASPにプログラム（アフィリエイターにすすめてもらいたい商品やサービス）を登録します。アフィリエイターは、報酬を得たいプログラムを申請します。申請が承認されると、アフィリエイターは、自分のホームページに指定された広告を貼りつけて、それをクリックしたくなるような記事を書きます。

ホームページを見ている人が、その広告をクリックすると企業のサイトが表示されます。それを見て、購入や申し込みをするとその実績がＡＳＰに記録されます。企業はＡＳＰに、ＡＳＰはあなたの口座に報酬額を振込みます。

企業とアフィリエイターが直接アフィリエイト契約を結ぶと、アフィリエイターは売りたい商品のある企業の数だけ、自分の個人情報を登録しなければならなくなります。企業側は企業側で、アフィリエイターごとに実績を管理して、煩雑な振込処理をしなければいけません。

どちらも煩わしいことになります。ＡＳＰは、この煩わしさを解消することをビジネスにしているわけです。

ただし、大企業では、自社でアフィリエイトプログラムを運用している会社もあります（日本にはほとんどありません）。

代表的なＡＳＰを図7にまとめました。できるだけ多くのＡＳＰに登録することをおすすめします。

ＡＳＰについては、使い勝手によって好き嫌いの好みが分かれるので、どれが一番いいとは言えません。報酬支払いの基準もＡＳＰによって違いますが、それぞれにメリットとデメリットがあり、一長一短です。いろいろと比べてみて、自分に合うＡＳＰで運用すると長続きします。

図6. ASP（アフィリエイトサービスプロバイダ）

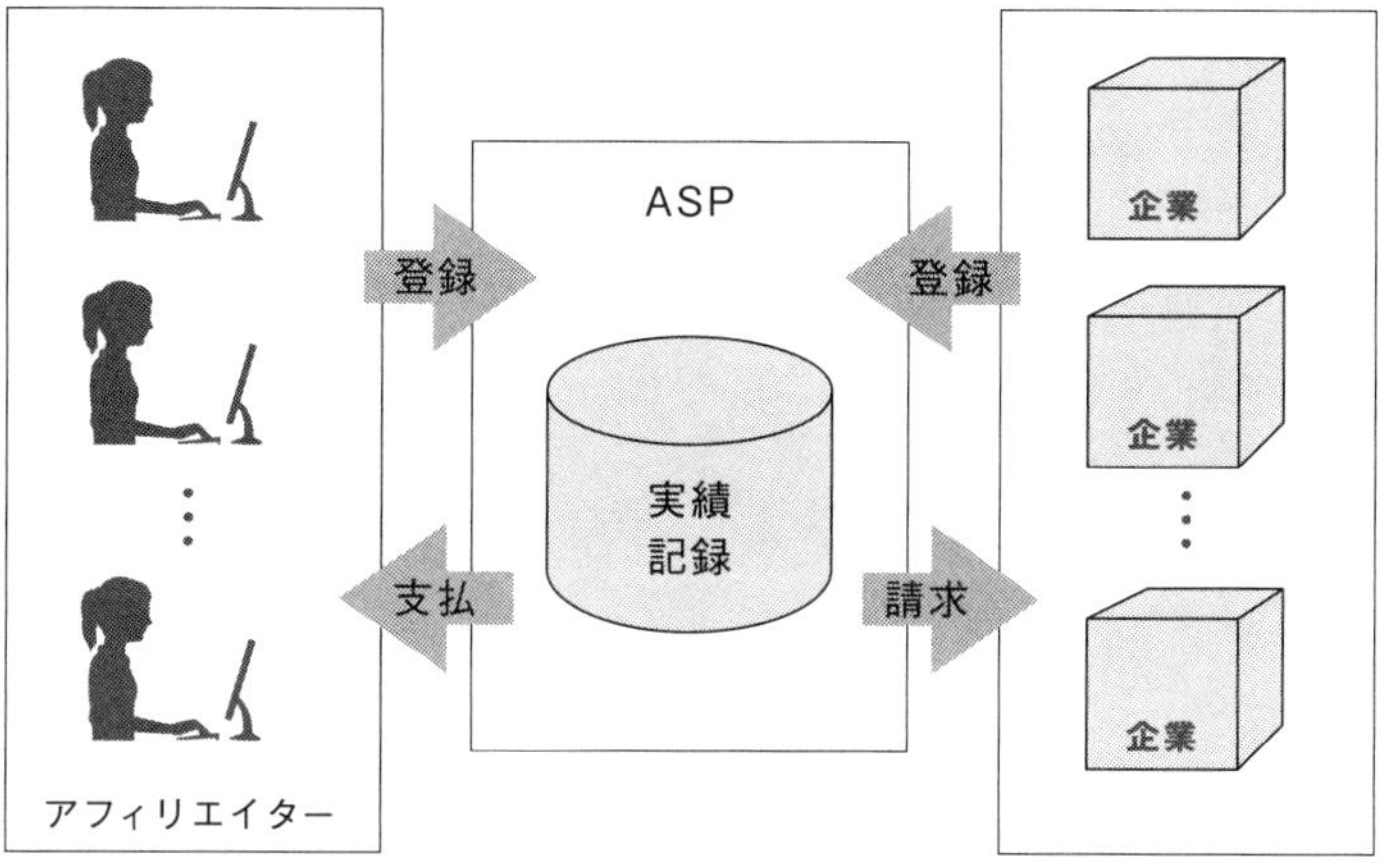

図7. 代表的なASP

一般	
A8.net	初心者でも利用しやすい。資料請求、物販など多数。セルフバックも可能。
アフィリエイトB	報酬は777円以上で支払われ、消費税が外税。翌月末に振込み。
アクセストレード	ASPでは老舗。報酬は1,000円以上で支払われる。振込手数料なし。
物販	
楽天アフィリエイト	ユーザーが多いが報酬率が低い。クッキーが30日有効。
Amazonアソシエイト	楽天同様、報酬率は低いが商品点数によりUP。クッキー24時間。
情報商材	
インフォトップ	情報商材を扱うASPでは最大手。1件あたりの報酬が高い。
インフォカート	ほぼインフォトップと同様だが、分割払いでも1回で支払われる。

初心者向けとしては、A8.net（エーハチネット）があります。これに登録してみて、一通りながめてみれば、アフィリエイトのイメージがある程度つかめると思います。

〝クッキー〟とは何のこと？

ここで〝クッキー〟について説明しておきます。

クッキーとは、同じサイトにまた来たときのために、サイト側からパソコンのWebブラウザに「残しておいてね」、と送ってくる情報のことです。

たとえば、一度ログインすれば、次からはログインなしで入れるサイトがあります。これは、ログイン中ということが書かれたクッキーがあるためです。このようなサイトでも、しばらく訪れないと、またログインが必要になることがあります。これは、クッキーに有効期限を設定できるためです。

図7では、楽天アフィリエイトとAmazonアソシエイトにクッキーが出てきます。これはどういう意味でしょうか？

Cookie

たとえば、Aさんがあなたのホームページからバナー広告をクリックして、楽天アフィリエイトのプログラムサイトに移動したとします。このとき、AさんのWebブラウザに、「あなたのホームページから楽天アフィリエイトのプログラムサイトにやってきたよ」というクッキーが残ります。これを「Aさんがあなたのクッキーを踏んだ」と言います。

ここで、Aさんが商品を購入すれば、もちろんあなたに報酬が発生します。ところが、購入しなくても報酬が発生する場合があるのです。Aさんが後日、直接楽天アフィリエイトを訪問して、あなたがすすめていたものと違う商品を買ったとしても、クッキーが残っているので、あなたに報酬が発生します。アフィリエイトの実績を見ていると、ときどきすすめてもいない商品の報酬が発生していることがあります。これは、クッキーによるものです。

楽天アフィリエイトは、クッキーが30日間有効なので、このようなことが起こることが多いようです。ただし、あなたのサイトのクッキーを踏んだあとに、Aさんが別のクッキーを踏んだときは、あとから訪問したサイトのクッキーが有効になります。

クッキーは、プログラムサイトへのリンクをクリックしたときに発生するのが普通ですが、自分のホームページを開いただけでクッキーを踏ませるという裏技もあります。ただし、このような裏技はどのASPでも禁止されています。目に余ると強制退会させられることがほとんどなので、けっして手を出さないでください。

また、中にはクッキーを発生させないASPもあります。

凝りに凝ったデザインは必要ない

アフィリエイトは、自分のサイトの訪問者を、アフィリエイトプログラムに誘導することができなければ、収入になりません。そのためには、誘導力のある写真や文章と、分かりやすいデザインが必要となります。

そのため高度な文章力や、デザインセンスが必要だと思う人もいるかもしれません。

実際は、そうではありません。

文章力でいえば、分かりやすい文章を書く力は求められますが、凝った文章や豊富な語彙《ごい》が必要というわけではありません。それよりも、訪問者が納得して、行動を起こすために必要なことはなんだろうと想像する力のほうが大切です。

写真も同様です。画質が悪かったり、ピントや露出が合っていなかったりする写真はだめですが、芸術的な写真が必要なわけではありません。それよりも文章と合っているかどうかが大切です。すばらしい文章と芸術的な写真が並んでいても、両方で同じことを伝えていないと、何の効果もありません。

デザインについても同じことです。冒頭にある写真（ヘッダー写真と言います）でサイトの中身が一目で分かったり、申し込みボタンがすぐに分かる位置にあったりすれば十分です。凝りに凝ったデザインは必要ありません。

そうは言っても、イメージがつかめない人も多いかもしれません。そういう人は、真似から入りましょう。

自分が紹介しようと思う商品やサービスを実際に検索窓に入れてみます。通常、公式サイトが上位に出てきて、その下にアフィリエイターのサイトやブログがたくさん出てきます。その中で自分の方向性に合うものを探して、それを研究して、真似すればいいのです。写真や文章をそのままもってくるのは問題がありますが、パターンを真似する分には何も問題ありません。

売れている人の文章には、パターンがあるはずです。それを見つけましょう。そして、真似してみるのです。

デザインに関しては、ネットで探せば、たくさんのテンプレート（デザインの大枠。あとのほうでも説明します）が存在します。無料のものもあるので、最初はそれを使えばいいでしょう。自分がいいなと思う人のページデザインと似たようなテンプレートを探してきて、似たようなページを作ってみましょう。

ただし、ここでも〝相手想い〟です。ただ真似るだけでなく、どうして売れるのかを考えた上で真似をするのです。

たとえば、ヘッダーにどんな写真を入れているのか、申し込みリンクにたどりつくまでにどんな誘導文章を入れているのかなど、そうしている理由があるはずです。売れている人は、どんな〝相手想い〟をしているのかについても考えてみてください。

すると、もっと売れるような工夫が見つかると思います。考えながら真似をしているうちに、あなたらしいパターンができあがっていきます。

アクセスの集め方

さて、いよいよ、どうやってあなたのホームページに人を集めるのかという話に入っていきたいと思います。

あなたのホームページに人が訪問することを、アクセスと言います。アクセスを集めるためにはいろいろな方法があります。代表的な方法は以下のとおりです。

①検索エンジン対策（以下、SEOと言います。Search Engine Optimization の略です）
②検索エンジン広告
③ブログやメルマガ、ソーシャルメディアからの誘導

それぞれメリットとデメリットがあります。

①のSEOとは、あるキーワードで検索したときに、あなたのサイトが上位に来るようにするた

めの技術のことです。これには、時間と手間がかかります。ただ、お金はあまりかかりませんし、効果が長続きします。

②の検索エンジン広告は、検索ページに関連する広告を出すことです。あるいは関連する内容のブログやGoogleメールなどにも広告が出ますが、これも検索エンジン広告です。こちらはすぐに効果が出ますが、広告なのでお金もかかります。表示されるだけでは、お金はかかりません。クリックされると初めて課金されるしくみです。

とはいえ、クリックされないことには話にならないので、検索エンジン広告を有効活用するにはクリックされやすい場所に表示させる必要があります。目立つ場所（通常はページの上のほうです）に出そうとすると、クリック単価を高く設定する必要があります。単価を高く設定するほどクリックもされやすくなるわけですから、広告効果が高くなると広告宣伝費が跳ね上がっていくことになります。

私の知り合いの経営者には、月500万円の検索エンジン広告費を使っている人がいます。それだけ効果があるということです。もしお金があるのなら、おすすめの方法です。

③のブログやメルマガ、あるいはFacebookやTwitterなどのソーシャルメディアから、自分の

サイトに誘導している人もいます。数万、数十万の読者やフォロワーがいる人向けです。このような人は、ブランドがあるか、すでにリストを持っている人です。そのような人には自分のメディアからアクセスを流すのがおすすめの方法です。

検索エンジンを味方にするSEO

この本の読者のほとんどは、資金に余裕があるわけではなく、ブランドもリストも持っていないと思います。

そこで、SEOについて詳しく書いていくことにします。

最初に言っておくと、SEOは検索エンジンに嫌われる作業です。

検索エンジン（を提供している人）の立場で考えれば、利用者から「これは検索キーワードにマッチしているサイトだ」と思ってもらえるサイトを上位に表示したいはずです。そうでないと、その検索エンジンはだんだん使ってもらえなくなるからです。

SEOは、検索エンジンのアルゴリズム（順位を決定するための要素）を推理して、検索上位に表示されるように仕向けるテクニックです。したがって、やりようによっては「なんでこんなサイトが上位に来るんだ？」と利用者に思われてしまうようなサイトを、上位に表示させることもできます。このようなテクニックを「過剰なSEO」と言います。

いまではそんなことはありませんが、15年前ぐらいに、どんなキーワードを入れてもアダルトサイトが上位に来てしまうことがありました。こういうことが続くと、検索エンジンへの信頼がなくなり、Yahoo!やGoogleなど検索をきっかけとするビジネスをしている企業は大打撃を受けることになります。そこで、検索エンジンは、過剰なSEOを施したページを排除する方向に進化してきました。

いまでも検索エンジン対策と称して、すぐに結果が出るツールや被リンク（他のサイトからリンクを貼ってもらうこと）を販売している業者がいます。これらは一時的に検索順位を上げることができますが、ツールを使ったSEOであると検索エンジンに判断されてしまいます。検索順位が下がるだけならまだしも、圏外に飛ばされてまったく表示されなくなることもあります。こうなると、あなたのサイトは世の中に存在しないのと同じことになります。

SEOにも、検索エンジンに対する〝相手想い〟が必要なのです。

では、どのようなSEOが〝相手想い〟なのでしょうか。

検索エンジンとしては、入力されたキーワードにふさわしい順番でサイトを表示していきたいと考えています。検索エンジンはそうなるようなアルゴリズムで作られているはず。であれば、そのキーワードにふさわしい内容にするということが第一です。「映画」というキーワードで上位に表示されたいのであれば、あたりまえですが映画について詳しくたくさん書くことです。

ただ、検索エンジンと言っても、コンピュータのプログラムですから、書いてあることの意味まで分かるわけではありません。つまり、「映画」という言葉が大量に使われているサイトであれば上位になりやすくはなりますが、それだけでは上位にはきません。なぜなら、キーワードだけで上位表示させてしまうと、「映画」という言葉を大量にちりばめたアダルトサイトのようなものが上位表示されてしまうからです。

検索エンジン側は何らかの方法で、サイトが信頼できるかどうかを判断しているはずなのです。その方法は一般的には次のようなことだと言われています（このようなことを実験で確かめている良心的なSEO業者もたくさんあります）。

・たくさんのページ数を持ち、コンテンツが充実している
・多くの人から支持され、自然なリンクを多数もらっている
・定期的に更新され、新しい情報が掲載されている
・長く運営していて、歴史がある

このようなサイトが検索上位に来るようです。検索エンジンのアルゴリズムは公開されていないので（公開すると悪用する人が出てくるからです）、推測ですが、実際に効果が出ているので、大きく間違ってはいないでしょう。

リンクをもらうことを「被リンク」と言います。被リンクは、ドメイン単位でカウントされると言われています。

ここでドメインについて簡単に説明します。サイトが存在する場所がドメインです。

たとえば、私が主宰する彩塾のアドレス（ネット上の住所のことです。正確にはＵＲＬと言います）は、http://www.saijuku.net/info/ です。このうち、〝http://〟は、このサイトがWebサイト

であることを表すものです。www を除く saijuku.net/info/ がドメイン名です。

たとえば、Google であれば google.co.jp、Facebook なら facebook.com がそれぞれドメイン名になります。

先ほど、大量の被リンクを販売している業者がいると書きました。このような業者は大量のドメインを持ち、たくさんのサイトを作っています。そこから一斉に依頼されたホームページにリンクを貼るのです。

元のサイトに内容がないので、このような行為はすぐに発覚し、検索エンジンがスパム判定をすると、検索結果に表示されなくなり、世の中に存在しないのも同様のホームページが残ることになります。

最初に〝母艦サイト〟を作る

さて、アフィリエイトで稼ぐためには、アクセスが多くなければなりません。そのためにSEOをしましょうという話でした。

SEOの基本は、先ほども書いたとおり、以下のようなサイトを作ることです。

・たくさんのページ数を持ち、コンテンツが充実している
・多くの人から支持され、自然なリンクを多数もらっている
・定期的に更新され、新しい情報が掲載されている
・長く運営していて、歴史がある

1つや2つのアフィリエイトプログラムに対応するのならば、できない話ではありません。ただ、稼ごうということであれば、多くのアフィリエイトプログラムに対応したサイトが必要になってきます。ネットビジネスは結局、母数×反応率（クリックなど訪問者が行動してくれる割合）で稼ぎが決まってきますので、アフィリエイトプログラムも多いほうが稼げることになります。

思い入れのあるプログラムに対してであれば、充実したサイトを作ることも楽しいはず。でも、中には役に立つのでおすすめはしたいけど、それほどの思い入れはないというプログラムもあるでしょう。〝相手想い〟は、自分の思い入れで判断せず、購入者の喜びを考えることですから、その

ようなプログラムが多くなるのも自然なことです。

では、どうしたらいいのでしょうか?

ここで、私からの3つめの提案です。

それは、〝母艦〟になるサイトを持ちましょうということです。


誰でも、それについて書いていると楽しくてしかたがない、というネタがあるのではないでしょうか。

そういうネタがあれば、それで情報発信サイトを作るのです。1つのページに十数行ぐらいの内容で構いません。一度にたくさん書くよりも、毎日少しずつ書く。

これを続けていけば、「たくさんのページ数を持ち、コンテンツが充実している」と「定期的に更新され、新しい情報が掲載されている」という条件はすぐに満たすことができます。

「長く運営しており、歴史がある」という条件は最初からは満たせませんが、続ければ続けるだけ、この条件は整ってきます。継続のごほうびと思えばいいでしょう。

「多くの人から支持され、自然なリンクを多数もらっている」については、いろいろと方法があります。これについてはあとでお話しします。

このような情報発信サイトを作って、SEOを実施して、検索上位に来るサイトにします。これを〝母艦サイト〟と呼びます（母艦サイトは、私の造語です）。アフィリエイトサイトには、母艦サイトからリンクを貼ります。パワーのある母艦サイトからリンクをもらうことで、検索エンジンからの評価が高まり、検索上位に上がってくるようになります。

母艦サイトには、アフィリエイトプログラムは貼りませんので、ネタは純粋に自分が書いていて楽しい趣味や自分が住んでいる地域のことでかまいません。

さて、ここで1つ、ワークです（図8・図9）。

母艦サイトを作るネタを考えてみてください。多ければ多いほどいいのですが、ここではとりあえず5つ挙げてみてください。もちろん、もっと挙げられる人は、挙げてもらってかまいません。10分ほど、本を置いて考えてみてください。

以後、私のネタならこうかしら？　と具体的にイメージしながら読むと理解が深まると思います。

図8. ワークシート2

母艦サイトを作るネタを探そう

自分で文章が書けるネタを決める。

（**趣味**や自分の**興味**のある事柄、**地域**ネタ、**時事**ネタなど）

図9. ワークシート2 記入例

母艦サイトを作るネタを探そう

自分で文章が書けるネタを決める。

（**趣味**や自分の**興味**のある事柄、**地域**ネタ、**時事**ネタなど）

●自分が住んでいる町（○○駅、○○市）の
地域情報（公園・神社・学校など）

●趣味であるサーフィンについて、穴場の海や波乗り日記

●毎日子どものために作っているキャラ弁の写真と
作り方をアップ

●新しくできた副都心線について各駅のベンチや
駅のまわりの様子をアップ

●自分が好きなラーメンについて、実際に食べ歩き、
写真と感想をアップ

●家で育てているカブトムシの観察日記

●コレクションしている記念切手について、
写真と思い出を語る

etc.

母艦サイトは必ず自分のドメインで

セミナーなどで母艦サイトについてお話しすると、必ず出る質問があります。それは、アメブロなど、業者が提供している無料ブログで作っても構いませんかというものです。

私の答えははっきりしています。ノーです。

無料ブログにもメリットがあります。もともと信頼性の高いサイトなので、ブログ記事が検索上位に入りやすいことや、〝読者〟を集めるしくみを持っているので、アクセスも増やしやすいということです。

しかし、そのメリットを帳消しにしてしまうぐらいのデメリットがあるのです。

それは、ある日突然理由もなく、記事を削除されてしまったり、アカウントを削除（会員としての資格が取り消され、管理サイト等にログインできなくなること）されてしまったりすることがある、ということです。理由を聞いてもまったく説明はありません。

このようなことがあると、せっかく書きためた大事なコンテンツが一瞬でなくなってしまいま

MY SITE
.com

す。

もう1つ、デメリットがあります。

母艦サイトはアフィリエイトサイトにリンクのパワーを受け渡すために作ります。ところが、無料ブログを母艦サイトにすると、自分で取ったドメインのサイトに比べ、リンクのパワーが小さくなります。母艦サイトは検索上位でも、アフィリエイトサイトがそうならないのであれば、母艦サイトを作る意味がなくなってしまいます。

このような事情があるので、母艦サイトは、自分で取得したドメインに自分で作ることをおすすめしています。

ドメインの取得と聞くと、一気にハードルが高くなる人もいるかもしれません。しかし、実際にやってみれば、それほど難しいことではありません。

ドメインを取得する際には、レンタルサーバーのサービスに申し込むのが普通です。自分でサーバーを買ってきて、そこでWebサーバーのソフトが動くようにすれば、レンタルサーバー・サービスに申し込む必要はありませんが、さすがにそこまでする人はほとんどいません。

レンタルサーバー・サービスはいまではかなり安くなっていて、ドメイン登録料を入れても、年

母艦サイト収入の例

映画ジャッジ！ http://www.cinemaonline.jp/

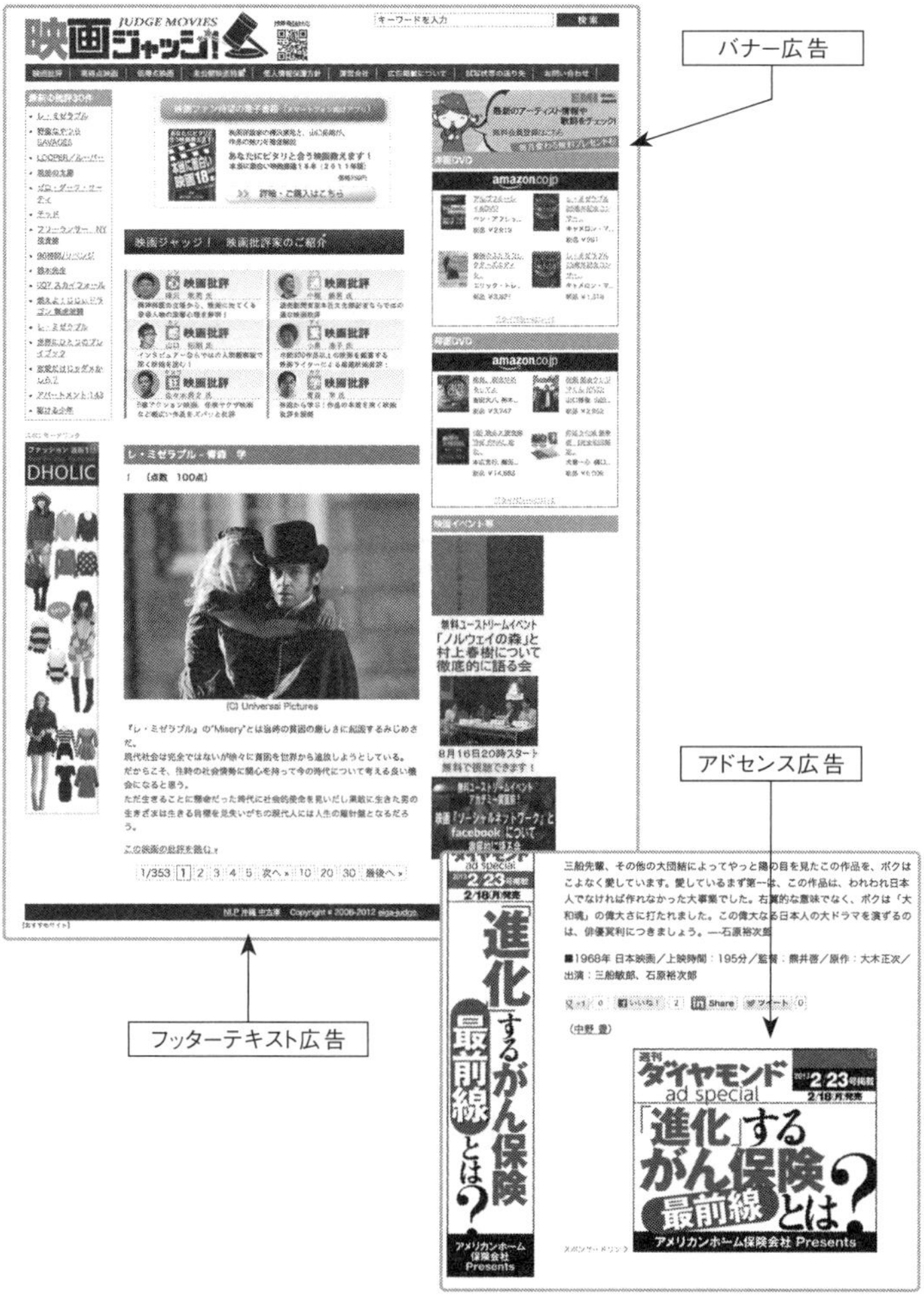

間で1万円を切るサービスがたくさんあります。

レンタルサーバー・サービスを利用すれば、ドメインも簡単に取得できます。よく分からなければ、サーバー会社に電話やメールで質問してください。丁寧に教えてくれます。

私のおすすめのレンタルサーバー・サービスは、ロリポップ（http://lolipop.jp/）やさくらインターネット（http://www.sakura.ne.jp/）です。どちらも価格がリーズナブルで、サポートもきちんとしています。実績もあるので安心です。

実際にこれらのサイトに行ってみて、比較してみてください。

ホームページ作りはいまでは難しくない

レンタルサーバー・サービスを利用すれば、ホームページを立ち上げるために必要なソフトウェアはすべて提供してくれます。

ＨＴＭＬの知識があれば、ホームページをすぐに作ることができます。

しかし、ＨＴＭＬを独学で勉強するのはちょっと面倒という人も多いかと思います。

そこでおすすめするのが、CMS（コンテンツマネジメントシステム）を利用することです。CMSとは、Webブラウザ上で、ブログ感覚で簡単にコンテンツを追加したり、編集したり、削除したりできるソフトウェアのことです。

ただし、レンタルサーバー・サービスでCMSまで提供してくれている会社は少ないので、自分でインストールする必要があります。

これも、代表的なCMSであれば、レンタルサーバー・サービスがマニュアルを用意していますので、そのとおりにやれば難しいことではありません。

代表的なCMSには、WordPress、Movable Type、Jimdoなどがあります。

いまですと、Jimdoがおすすめです。Jimdoならレンタルサーバー・サービスも兼ねていますので、インストールの必要がありません。

ただし、Jimdoには無料版と有料版があります。無料版は、アメブロなどと同様で、すぐに使えますが、業者のドメインしか使えません。これでは母艦サイトとしては意味がないので、必ず有料版で（Jimdo Proで十分）独自ドメインを取得してください。

安く簡単にCMSを使いたい場合には、WordPressをおすすめします。こちらは、先ほどおすすめしたレンタルサーバーであれば「ワンクリックインストール」機能があるので、すぐに使うことができます。WordPress の利用は無料です。

ＣＭＳでは、デザインを自分で作ることも可能です。ただし、ＨＴＭＬに詳しいことが前提です。そこで、多くの人がネット上などで提供されているテンプレートというデザインの大枠になるものを利用しています。

テンプレートにも、無料のものから有料のものまであります。当然、有料のもののほうがセンスはいいのですが、無料でも使えるものもたくさんあります。最初は無料で試してみて、気に入らなければ有料のものに差し替えるのがよいでしょう。

また、テンプレートを作ってくれるデザイン会社もあるので、ある程度資金があるのなら、そのような会社に頼むことも検討してみてください。一度作ったテンプレートは、他のサイトでも使用できますので、それほど高い買い物ではないと思います。

母艦サイトの信頼度をさらに高めるには？

「語れるネタ」さえあれば（そして、必ずあなたにもあるはずです！）、母艦サイトのコンテンツとページ数は勝手に充実していきます。数行でいいから、毎日1ページずつ書いていけば、定期的に更新され、最新の情報が載っているということになります。歴史だけはどうしようもありませんが、検索エンジンは、半年ぐらいである程度歴史のあるサイトと判断するようで、実はそれほど重要ではないという気がしています。

問題は、被リンクです。これはできれば多いほうがいいようです。

被リンクを集めるための代表的な方法を箇条書きにします。

・自分のブログやソーシャルメディアなどからリンクする
・知り合いにお願いして、こちらのサイトをリンクしてもらう
・知らない人のサイトにメールなどで相互リンクをお願いする

・自動リンク集サイトやランキングサイトなどに登録する

相互リンクについては、断られるのがいやでできないという方もいらっしゃるようですが、事情があって断る人はいても、不快に思う人はあまりいないようなので（頼み方に失礼がないという大前提はありますが）、ダメでもともと思ってお願いしてみることです。

自動リンク集サイトやランキングサイトは、ネットで検索するとたくさん表示されますので、信頼できそうなサイトに登録してみましょう。

ヤフカテの登録をねらおう

以上は、被リンクの数を増やすための方法です。

実は、同じリンクでも、それぞれ価値が違います。価値が高いリンクとそうでないリンクがあるのです。

会社や金融機関に格付けというものがあります。あれと同じでリンクもGoogleなどの検索エンジンによって格付けされているのです。Googleでは、これをページランクと呼んでいます。ページランクの高いサイトからのリンクは、低いものよりも価値が高く、ページランク6以上のサイトからのリンクは特に価値が高いとされています。

ちなみに日本では、トヨタなどの大企業のサイトで6、有名なネット媒体や新聞社などで6〜7、Yahoo!などネット上の巨大ポータルサイトで8といった値になっています。世界レベルでは、AppleやFacebookのサイトが9です（２０１３年２月現在。ページランクは日々変動します）。

普通の人のサイトだと3もあれば、かなり優秀だと思っていいでしょう。

さて、これは私ではなく検索エンジンの判断です。ページランクが低いサイトからのリンクよりも、ページランクが高いサイトからのリンクのほうが、価値が高いとみなしているようなのです。

ということは、ページランク7前後のサイトから被リンクがもらえればいいのですが、新聞社や大企業にリンクをくださいとお願いしても、まずもらえません。

しかし、あきらめることはありません。高いページランクを持ち、検索エンジンからも抜群の評価を得ているサイトからリンクをもらう方法があります。

それが、Yahoo!カテゴリ（通称ヤフカテ）登録です。

「打率9割のヤフカテ攻略法」

母艦サイトの信頼度を上げるのには、ヤフカテへの登録をねらうのが、とても有効な方法だと言えます。なにしろ、検索エンジン大手のYahoo!のドメインからリンクがもらえるのですから。審査はありますが、非営利サイトなら無料で登録できます。

実際に私自身、一時期100以上の母艦サイトを運営していて、その9割以上をヤフカテに登録していました。そのノウハウを情報商材（A4で139ページあります）にまとめています。なお、9割というのはあり得ない数字で、実際には1000件申請して1件登録されるかどうかぐらいの割合なのだそうです。

このノウハウを、すべてこの本に書くのは無理なので、一番重要な部分だけ書くことにします。

これも、やっぱり〝相手想い〟なのです。

ヤフカテは人の目を通して審査を行い、掲載の可否が決まります。審査をしている人の気持ちになれば、審査に通る確率は飛躍的に上がります。

エリアガイドは
2件だけ!!
ふじみ野ナビ
YAHOO!
カテゴリー
地域情報
の
日本
の
関東
の
埼玉
の
富士見市
では

彼らの立場になって考えてみてください。どういうサイトなら登録したいでしょうか？　ヤフカテを見ていただければ分かると思いますが、大きなカテゴリから始まり、何段階かで細かいカテゴリに分かれていくようになっています。

難しい言葉で言えば、階層的なカテゴリ分けです。

「生活と文化＞グルメ＞料理別＞めん類＞ラーメン」というような具合にたどっていって、ようやくリンクが並んでいるという感じです。

あなたがヤフカテの審査担当だとして、すでに100も200もリンクが並んでいるところに、またも申請が来たらどういう気分になるでしょうか？　申請内容をパッと見て、よほどのインパクトがなければ却下するのではないでしょうか？

そんな申請ばかりの中で、サイトの登録が少ないカテゴリに申請が来たらどうでしょうか？　たとえば、「地域情報＞日本の地方、都道府県＞関東＞埼玉県＞市町村＞富士見市＞エリアガイド」で申請が来たとしたら。審査担当は、できるだけヤフカテというサービスを充実させたいと願っているはずです。よほど変なサイトでなければ、登録したいと思うのではないでしょうか？

実は、私の母艦サイトの1つ「ふじみ野ナビ」（http://www.fujimino-kids.info/）は、このカテゴリに申請しました。このカテゴリには2013年2月現在で、2件しか登録がありません。

あなたがもし、「私って辺鄙《へんぴ》なところに住んでるなあ……」と思っていたとしたら、ラッキーです。エリアガイドで母艦サイトを作り、ヤフカテに申請すれば、ヤフカテに登録される確率が非常に高いからです。

このように〝競争相手〟が少ないカテゴリをねらっていくのがコツです。

母艦サイトでは、書きたいことを書けばいいと言いましたが、ヤフカテ登録をねらうのであれば、書きたいことが、競争相手の少ないカテゴリにあてはまるものかを検討してください。これは、けっしてヤフカテねらいで書きたくもないことを書けと言っているのではありません。

たとえば、あなたが読書好きで、本の記事を書いたサイトを作りたいとします。だとしたら、母艦サイトは、マニアックな作家に絞るとか、特定の地域に関する本に絞るとか、そういうことを考えてほしいのです。その際に、ヤフカテで競争相手の少ないカテゴリかどうかを判断材料にすればいいということです。

タイトルと内容はシンプルに！

競争相手が少なければ必ず審査を通るわけではありません。もう少し、〝相手想い〟をしましょう。ヤフカテの登録数を見ていれば、毎日大量に申請されていることが想像つくはずです。ということは、1件あたりの審査時間は長くて数分、もしかしたらせいぜい1分ぐらい（あるいはもっと短い？）と想像されます。

そこに、何を伝えたいのか分かりづらいサイトが申請されてきたらどうでしょう？　一瞬で却下したくなりませんか？　だとすれば、シンプルに何のページなのかが伝わるように作る必要があります。

タイトルが分かりやすく、トップの写真とタイトルのイメージが一致していて、簡単な紹介文があり、どのページを見てもタイトルとの一貫性があるサイトが登録されやすいはずです。写真もできるだけきれいなほうがいいですよね。

広告ばかり載っているサイトも、分かりづらくなります（あとで詳しく書きますが、母艦サイトには、原則として、アフィリエイト用のバナー広告を載せません)。

このように、ヤフカテの審査担当に対して〝相手想い〟をしていけば、90%は難しいかもしれませんが、1000件で1件というような低確率ではなく、数件に1件は登録してもらえると思います。

母艦サイトのイメージを決めるときには、ぜひヤフカテへの登録を視野に入れて考えてみてください。仮にヤフカテに登録されなくても、特徴の際立ったサイトになると思います。

アフィリエイトサイトは導線を意識

母艦サイトの考え方は、ご理解いただけたと思います(作り方はもう少しお待ちくださいね)。

「母艦サイトは好きなことをたくさん書きましょう」というのが基本でした。アフィリエイトサイトは、それではいけません。

セールスのサイトですから、別の考え方で書く必要があります。アフィリエイターが〝導線作り〟と呼んでいる書き方です。

導線作りは、最初にゴールを考えるのがいいと思います（図10）。

私が最初に成功したアフィリエイトは、レーシックのアフィリエイトプログラムでした。

ただ、いきなりレーシック手術をネットから申し込む人はあまりいません。それは企業（眼科医院）側でもよく理解されていて、そのアフィリエイトプログラムでは、無料説明会への勧誘で報酬がもらえました。そこで、最終的なアクションは、無料説明会の申し込みのバナー広告をクリックしてもらうことに設定しました。

ゴールが決まっても、いきなり内容を考えてはいけません。対象とする人次第で内容が変わってくるからです。レーシックをしたいと考える人はどういう人なのだろうと考えるのが先なのです。

これも〝相手想い〟ですね。

試しにネットで調べてみたら、サーファーでレーシックをしている人が多いことが分かりました。体験談を読むと、サーフィンをしていると、コンタクトレンズが流されるので外すのですが、面倒だし、よく見えないという人が何人もいたのです。

ただレーシックの情報サイトにするより、対象をサーファーにしぼることで、コンテンツ（文章）にも深みが出て、無料説明会への誘導も楽になるのです。

図10. 導線作りの例

レーシックのアフィリエイトサイトを作ろう

↓

最終アクションは、無料説明会への誘導

↓

ターゲットは、サーフィンをしている人に設定

↓

検索ワード「サーファー　レーシック」

↓

コンテンツ作り「サーファーがレーシックをするメリット・デメリット・検査や手術内容・費用等」

↓

「まずは無料の説明会に行くのがおすすめ」

↓

無料説明会の申し込みバナー

対象は広げたほうがいい？

ここで多い勘違いは、対象を広げたほうがたくさんの人が読んでくれるからいいのでは？　と思うことです。それで、初めてアフィリエイトサイトを作る人は、絞るのを怖がります。

しかし、思い出してください。検索結果の上位にこないサイトは、世の中に存在しないのも同じだということを。

対象を広げると、検索結果の上位に表示させるのがとても難しくなります。ためしに、Yahoo!で「レーシック」を検索したら、1880万件見つかりました。この件数で、1ページ目に検索結果を表示させようと思ったら、大変な努力が必要になります。今度は「レーシック　サーファー」で検索してみました。114万件に激減しました。1位はなかなか難しいですが、1ページ目に表示させるのなら可能な件数です。

さて、サーファーをレーシックの無料説明会に誘導するというところまで決まりました。あとは内容です。ここで売り込みたいためにメリットだけを強調する人がいますが、逆効果です。いかにも宣伝臭くなり、警戒されてしまいます。メリットとデメリットの両方を書くことで、客観的だなと思ってもらえるようにすることが大切です。

これも〝相手想い〟ですね。

客観的なサイトにする方法は、他にもあります。体験談を載せることです。レーシックについては私自身が体験しているので、自分の体験談を載せました。

身近に体験した人がいれば、簡単に取材して載せさせてもらうといいと思います。顔写真つきであれば、さらに信憑性が高まります。

宣伝臭くしないようにと、言い訳っぽいことを書いたり、まわりくどい表現を使ったりする人もいますが、それは逆効果です。伝えたいことをはっきりと分かりやすく書きましょう。その上で注意事項などがあれば包み隠さずに書く（不利なことをあえて書く必要はありませんが）と、信頼してもらえます。

気になることをたくさん挙げる

コンテンツは、とことん〝相手想い〟で書いてください。あなたがレーシックを受けるとしたら何が気になりますか？

お金、時間、手続きなども気になるでしょうし、自分の視力や年齢でも大丈夫だろうかとか、最悪の場合はどうなるんだろうとか、そういうことが気になりませんか？　気になることをたくさん挙げて、それについて全部書いてみましょう。一問一答式で1ページずつ作るとページ数が増えるので、SEOにもなります。

ただ、ゴールは無料説明会への誘導なので、あまり断定せず、こういうことで迷っていたら説明を聞いたほうがいいというような書き方で、上手に誘導します。

「サーファー レーシック」という検索ワードで検索結果の上位にしたい場合、「サーファー」「レーシック」というこの2つの言葉は意識して文章内でも多数使ってください。それだけでSEOになります。

もう1つ大切なことは、読んでもらうだけでなく、行動してもらうことです。説明会に申し込んでもらいたいなら、それをはっきりと書く。

文章に共感してもらえば、勝手にバナー広告やテキストリンクをクリックしてもらえると思ったら、大間違いなのです。

バナー広告を目立つ位置に貼って、アクションを促す言葉を必ず添えます。たとえば、「私が手術を受け、大満足したクリニックはこちらです。無料説明会の予約はこちらから！」などです。

色や大きさなども工夫して目立たせてください。

どんなに上手に作っても、アフィリエイトサイトが宣伝であることは、多くの人が気づくはずです。それでも最後まで読むのは、関心が湧いてきて、何らかの行動をしようかなと思っているからです。それなのに、文章を読み終わっても何をしたらいいのか分からないようになっていたら、逆に不親切です。それこそ〝相手想い〟ではありません。

実際の作り方は、ランキング上位のアフィリエイターのサイトを研究すれば、分かってくると思います。共感できるサイトの真似をしましょう。

アフィリエイトサイトはブログとサイトを使い分け

母艦サイトは独自ドメインでCMSを使って自作しようと書きました。

アフィリエイトサイトは、無料ブログを利用しても構いません。ただ、無料ブログを利用する場合は、先ほども書いたように、コンテンツが削除されてしまうことがあります。そうなっても困らないように写真や文章などのコンテンツは、パソコン側にもバックアップをとっておきましょう。

なお、自己アフィリエイトのために、最初にASPに登録するときには、無料ブログをとりあえず登録していても問題ありません。

アフィリエイトサイトは、使い分けするのがいいと思います。

化粧品や本・雑誌など気軽に買える比較的低額な商品は、ブログで十分でしょう。

数十万円以上の高額商品や、数万円でもじっくり比較検討して買いたい商品は、ホームページでじっくりと情報提供したほうが売れやすいようです。

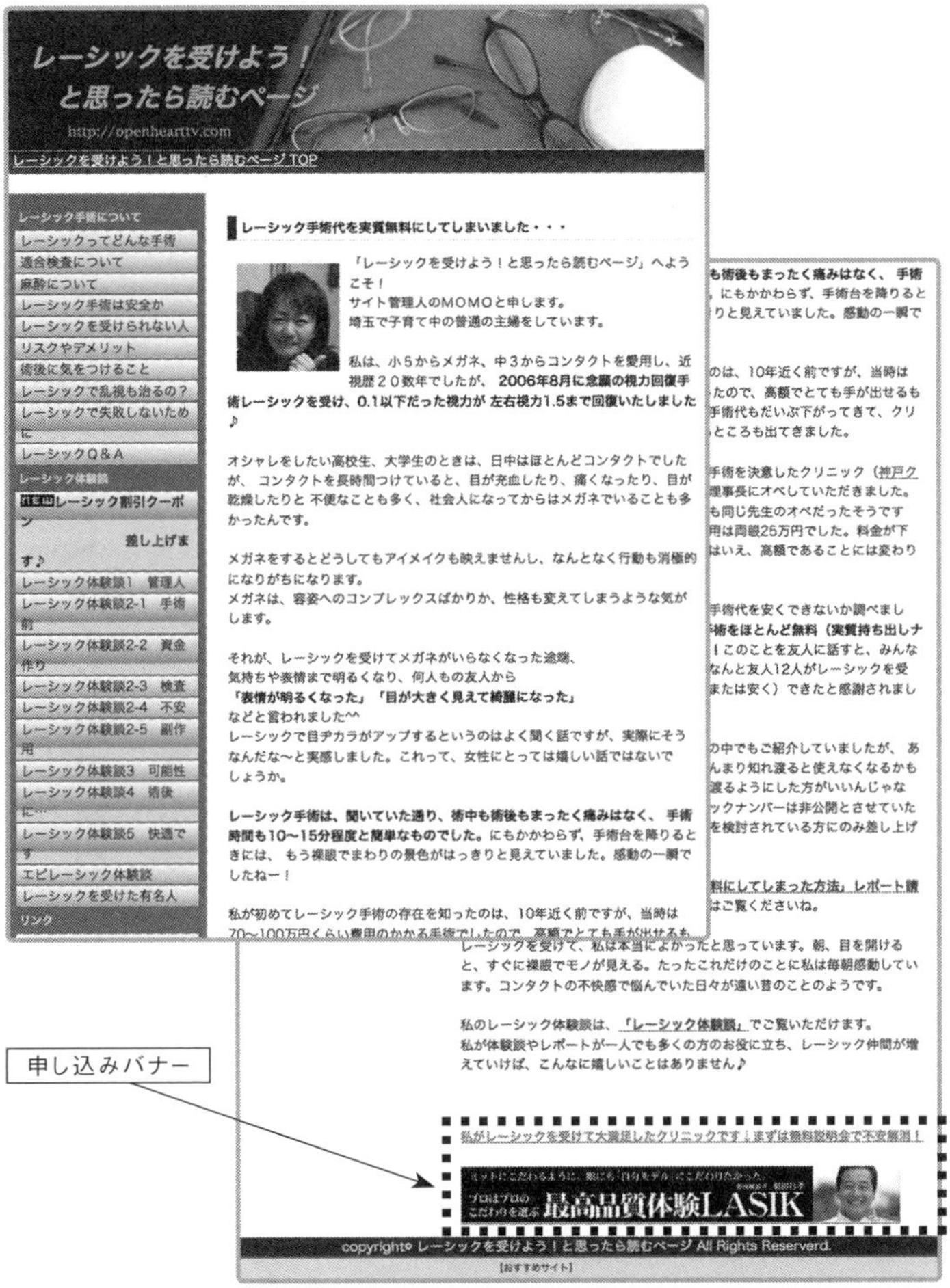

http://www.openhearttv.com

母艦サイトとアフィリエイトサイトの連携のしかた

アフィリエイトサイトができあがったら、母艦サイトからリンクします。リンクのやり方を説明します。

典型的なWebページは、ヘッダー、サイドバー、本体、フッターなどの部分に分かれています（図11）。

このうち、サイドバーやフッターの部分に、検索ワード（先ほどの例で言えば「サーファーレーシック」）を含むテキストを書いて、そこからリンクします。

ここで注意してほしいのは、母艦サイトからアフィリエイトサイトに誘導するわけではないということです。母艦サイトは情報提供サイトですから、それをすると不自然になってしまいます。ただ、目立たないようにテキストのリンクを貼るだけです。たとえば、サイドバーの「お気に入り」のコーナーに貼ったり、フッターにそれとなく入れたりするようにします。

リンクを貼ることで、母艦サイトからアフィリエイトサイトに、「リンクのパワー」が受け渡さ

図11. 典型的なWebページの構成

れる。それがSEOになるのです。

私の経験から言えば、母艦サイトを複数作って、1つあたり10個から15個ぐらいのアフィリエイトサイトにリンクするのが、もっとも効率的な運営方法のようです。ただし、これは経験則なので、ご自分で実際に試してみて、調整してくださいね。

母艦サイトでも利益は出せる

せっかく心をこめて作った母艦サイトからも収入を得たいと思いませんか。

母艦サイトには、アフィリエイトプログラムへのリンクは貼らないと書きました。なのに稼げるの？　と思われたかもしれません。

アフィリエイトプログラムに関しては、1つ例外があって、Amazonアソシエイトなどの書籍販売については、直接バナー広告を貼ってもいいでしょう。書籍やCD、DVDなどは母艦サイトのコンテンツによっては、直接アフィリエイトプログラムにリンクしても不自然ではありません。その他、化粧品や洋服などの母艦サイトなら、ショッピングサイトにリンクしても不自然ではありません。ただし、アフィリエイトサイトほどの収入は期待しないでください。あくまでお小遣い稼ぎです。

また、アフィリエイトとよく似ていますが、アドセンス広告というのもあります。これはGoogleが提供しているもので、記事に関連する広告を載せるというものです。

アメブロなどを見ていると、ブログの記事の下に広告が出ていますよね？　あれがそうです。アドセンス広告のためのスペースを作る（ＨＴＭＬのタグを貼りつけるだけです）と、そこにGoogleが記事に合わせて広告を表示します。それがクリックされるとお金がもらえるしくみです。クリックされるだけで報酬が発生するので、単価は非常に安いですが、アクセス数の多い母艦サイトであれば、十分お小遣いになります。

人気のサイトであれば、広告を募集するということもできます。もちろんアクセス数が多ければ多いほど有利（高い価格が設定できるなど）になります。

広告は、サイドバーならバナー広告、フッターならばテキスト広告になります。もちろんバナー広告のほうが値段は高めに設定します。

私の母艦サイトの１つである「映画ジャッジ！」（http://www.cinemaonline.jp/）では、以上のすべてをやっています。母艦サイトでありながら、月5万円ぐらいは稼いでくれています。

研究熱心な人が稼げる

ＡＳＰへの登録、独自ドメインの取得、ＣＭＳのインストール、ホームページの制作、ヤフカテへの登録などなど、ハードルの高いことばかり……、と思われた人もいらっしゃるでしょうね。

しかし、アフィリエイトはビジネスですから、やっぱり努力なしでは稼げるようにはなりません。私が始めたころはいまよりももっとハードルが高かったです。本を読んだり、ネットで調べたり、知っている人に聞いたりして、ようやくできるようになりました。

最初の提案で、アフィリエイトを、収入を得る手段として考えず、ネットスキルを学ぶ手段にしようと言いました。このように考えを切り替えれば、ハードルを乗り越えるのが楽しくなります。乗り越えるたびに、自分が成長したことを実感するからです。

実際にやってみれば、アフィリエイトをするために必要なネットやコンピュータの知識は、それほど大したことはないと分かります。それよりも難しいのは、売れるコンテンツの作り方です。

こちらにはマニュアルはありません。〝相手想い〟を続けていけば、ある日分かるようになるという感覚です。

ただし、書き方の考え方やパターンはあります。具体例は、実際に売っているアフィリエイトサイトを見てください。ネット上にヒントがいくらでも公開されています。

売れているアフィリエイターは、みんなこうしてきました。

ただ、売れている商品でも、真似されるため、売り上げが分散していくというのは、前にも書いたとおりです。

アフィリエイトで、安定して稼ぎ続けるのは難しいことです。でも、この本に書かれているとおりにやり切れば、ネットスキルもコンテンツ作成能力も身についているはずです。

さらなる収入を目指す人は、次のステップである情報コンテンツビジネスに進みましょう。

アフィリエイトに関するまとめ

アフィリエイトで収入を得られるようになるまでの流れをまとめます。

・自己アフィリエイトで、アフィリエイトプログラムを高い視点でながめてみる
・母艦サイトのネタを見つける
・独自ドメインを取得し、ＣＭＳを準備する
・母艦サイトを複数作る
・母艦サイトの被リンクを集める（ヤフカテへの登録も視野に入れる）
・アフィリエイトサイトを作る
・母艦サイトからアフィリエイトサイトにリンクを貼る

最後にちょっとだけ税金のお話を。

ある程度稼げるようになったら、確定申告をしましょう。ＡＳＰ側に履歴が残るので、申告しないと税務調査が入る可能性があります。年間１０００万円以上の収入であれば青色申告（複式簿記の知識が必要です）が有利ですが、それ未満であれば白色申告（家計簿感覚でだいじょうぶ）で十分です。

レビューのために買った商品もほとんどが経費として認められます。領収証やレシートは全部取っておきましょう。また、収入の記録もメモしておきましょう。

第2部

情報コンテンツ

～あなたにしか書けないコンテンツをネットで売る

情報商材をおすすめする理由

第1部でアフィリエイトについてお話ししました。

私が主宰する、主婦が中心のネットビジネスについて学ぶコミュニティ〝彩塾〟でも、月50万円から100万円のアフィリエイト収入を稼ぎだしている人が、実際に何人もいます。

しかし、私はアフィリエイトの先に進むことをおすすめしています。その先とは、プロローグでもお話しした、情報コンテンツビジネスです。情報コンテンツとは、情報商材やKindleなどの電子書籍を含みます。特に、情報商材からスタートすることをおすすめします。

なぜ、私は情報商材をおすすめするのでしょうか？　アフィリエイトでそれだけ稼げれば十分ではないのか、という声が聞こえてきそうです。

アフィリエイトには、私の考えでは2つのデメリットがあります。

1つはすでにお話ししているように、アフィリエイトは安定しないということです。売れている商品のアフィリエイトサイトは、すぐに他のアフィリエイターに真似されて、売り上げが分散していきます。

また、アフィリエイトプログラムが、広告主の都合で突然なくなることもあります。仮に、あなたに月50万円のアフィリエイト収入があるとします。内訳は、商品Aが20万円、商品Bが10万円、商品Cが5万円、残りの15万円を他の10種類ぐらいの商品で稼いでいるとしましょう。

この場合に、商品Aのアフィリエイトプログラムが突然なくなってしまったら、どうでしょう？いきなり4割もの売り上げがなくなってしまうことになります。せっかく長い時間をかけて、アフィリエイトサイトのSEOをしてきたのに、水の泡になるわけです。

もう1つは、アフィリエイトは精神的な満足感が小さいということです。

100万円稼いでいる人であっても、1年ぐらいすると「アフィリエイトって、なんだかむなしいですね」と言うのです。

アフィリエイトというビジネスは、悪い言い方をすると、商品を右から左に流すだけのものです。

最初のうちは、自分のネットスキルが向上するのに伴って、預金通帳の残高が増えていくことが楽しくてしかたありません。でも、それが1年も続くと、アフィリエイトでは、誰からも感謝の言葉がもらえないということに気づきます。

商品を販売している会社も、推薦文で商品を買った人も、心の中ではアフィリエイターに感謝しているかもしれません。でも、メールなどで「ありがとう」の言葉を伝えてくれる会社も人もほとんどないのです。

この2つのデメリットを同時に解決してくれるのが、情報商材です。

情報商材を売っているのはあなた自身なので、あなたがもういいと思わない限りは、売り続けることができます。販売元の都合に左右されることはありません。自主的です。

また、情報商材は、本当に購入者の役に立つものしか売れません。煽ったセールスレターを書くことで一時的に売ることも不可能ではありませんが、それをするとクレームの嵐になり、結局損をします。逆に、長く売れる情報商材は、コンテンツもサポートもすぐれているということなので、購入した人から感謝の言葉がもらえます。

さらにいいことは、アフィリエイトで身につけたネットスキルは、すべて情報商材でも使えることです。

ただし、アフィリエイトの場合は、販売元のセールスページに誘導すれば、セールス自体は販売元がやってくれていました。しかし、情報商材の場合は、セールスも自分でする必要があります。

そのため、セールスページを作るというスキルも大切になります。

その違いはありますが、アフィリエイトサイトを自分で作ることができていたのであれば、それほどハードルが高い話ではありません。ちょっとしたコツはありますので、それはあとでお話しします。

アフィリエイトよりも収入が安定し、さらに感謝もされるということに興味があれば、引き続き読んでくださいね。

お金を払ってでも読みたいコンテンツとは？

アフィリエイトでは、母艦サイトを作ることから始めました。母艦サイトには、「自分がよく知っていて、人にも伝えたい」というコンテンツをたくさん書くようにおすすめしました。

その中でも、「お金を払ってでも読みたい」と人が思ってくれそうなコンテンツがあったとします。

それを販売すれば、立派な情報コンテンツビジネスとなります。

では、お金を払ってでも読みたいコンテンツとはどういうものでしょうか？

まず、逆のことを考えてみましょう。お金を払う必要を感じないのは、どういうものでしょうか？　たとえば、ネットで検索すれば、すぐに調べられるようなものがそうです。

その点では、「Yahoo!知恵袋」や「教えて！goo」、あるいは「OKWave」などの質問サイトにヒントがあります。中には、「もうちょっと調べてから質問したほうがいいのに……」と思う質問もありますが、多くの人は検索して答えが見当たらないので、質問を書き込んでいるのです。

回答の中にも、「なるほど。勉強になる！」と思うのもあれば、「えーっ!?　こんなのがベストアンサーなの？」と思うものもあります。納得がいかない回答に対して、自分ならもっといいことを長々と語れるというようなものがあれば、それは情報商材のネタになります。検索しても調べられないからです。

検索しても調べられないことには、共通点があります。それは、マニアックであるということです。100人中99人は興味がないけれど、1人はすごく知りたい。そういうニッチ（隙間）なコンテンツです。

マニアックなもので、あなたが知っていることなら、ビジネスの話ではなくても、趣味でも特技でもいいのです。

なぜなら、マニアックなネタはライバルが少ないからです。多くの人が興味のあることについてはライバルが多いのです。ライバルが多いということは裾野が広いということなので、頂上も高くなります。

そういうコンテンツにお金を払ってもらおうと思ったら、機密に近いような情報しか価値はありません。ほどんどの情報が、すでにネットで公開されてしまっているからです。

少数の人でも「お金を払ってでも知りたい」と思える情報で、あなたが知っていること。これが情報商材のネタとなります。

例を挙げましょう。

私がアフィリエイトをさせてもらった情報商材で、「劇団四季ミュージカルを観たい日に1000円安く観る方法」(http://shikimusical.ohuda.com/)というものがあります。作成者のさとうまさこさんとはお友達で、セールスサイトに感想文も書かせていただきました。

さとうさんは、劇団四季が大好きで、「キャッツ」だけでも200回以上観ているという〝劇団四季マニア〟です。劇団四季のチケットは入手が難しいので有名で、多くの人は発売直後に予約サイトから購入するのですが、それでも100%入手できるとは限りません。

それなのに、観たい日に、定価よりも1000円も安く、しかも〝正規〟の方法で買えるというのです。ただし、多少のコツが必要ということになれば、お金を払ってでも、そのコツを知りたいという人はいるはずです。

この情報商材は、現在6375円で販売していますが、ネットオークションで高いチケットを買うことを考えれば1回でお釣りがきます。

そんな人が100人中30人も40人もいるわけではありません。1人よりは多いかもしれませんが、せいぜい数人でしょう。劇団四季マニアだけにターゲットを絞っているのです。

あなたにも、さとうさんのように趣味を実益に換えるコンテンツがあると思います。

自分の体験や知識を棚卸ししてみよう

情報商材のネタは、自分の体験から人に話せることや、自分がお金をかけて学んだものの中から探します。私も、ヤフカテ攻略法で情報商材を作りました。これも自分で体験し、再現性のある方法を見つけ、それを提供したからこそ、人様からお金をいただけるわけです。

-1000円

まずは自分の体験や知識を棚卸ししてみましょう。

その中に、人が抱える悩みや不満、イライラを解決したり、欲求を満たしたりするものがあるはずです。それが解決できるならお金を払ってもいい。そういうものがきっとあります。

さらに、それがマニアックであれば、競争相手が少ないのでなおよいでしょう。

とにかく、数を出してみてください。

数が出ないようであれば、書店やASPのランキングを見て、それをヒントにします。先ほど書いた、質問サイトに出ている質問もヒントになります。


ここで2つ、ワークをやってみてください。

1つめは、母艦サイトのネタから、情報商材のネタを拾うワークです（図12）。

第1部で母艦サイトのネタをいくつか挙げてもらいました。その中で、誰かの悩みを解決できるもの、あるいは自分がかつて悩んでいたけど解決できたことがあれば、ピックアップしてください。

主婦であれば、子育て・恋愛・人間関係などで悩んだことがあると思います。そのような分野であれば、いろいろな切り口でネタを作ることができます。また、ペットのしつけ方や健康に関する

図12. ワークシート3-1

自分の体験や知識を棚卸ししてみよう

「ワークシート2」で書いたネタの中で、誰かの悩みを解決できるものはないだろうか?

あなたがかつて悩んでいたけれど**解決**できたことは?（子育て、恋愛、人間関係 etc.）

図13. ワークシート3-2

自分の体験や知識を棚卸ししてみよう

●いままで友達に教えてあげたら喜ばれたこと、褒められたことは?

●自分だけが知っている裏技や特技などは?

●いままでに一番お金をかけてきた趣味や習い事は?

●偏愛しているもの、収集しているものは?

●取得した資格などは?

図14. ワークシート3-2 記入例

自分の体験や知識を棚卸ししてみよう

●いままで友達に教えてあげたら喜ばれたこと、褒められたことは?

子どもが電車の中でぐずっても、これをやればぴたっと収まる裏技を友人に教えたら喜ばれた。

●自分だけが知っている裏技や特技などは?

土日や祝日など東京ディズニーリゾートへの道が渋滞するが、抜け道を知っている。

●いままでに一番お金をかけてきた趣味や習い事は?

いままでに劇団四季のミュージカルCATSを200回以上観ていて、売り切れチケットも取ることができる。

●偏愛しているもの、収集しているものは?

昔のブリキのおもちゃをたくさん集めていてプレミアムが付いているものも多い。

●取得した資格などは?

出産後、家事や育児をしながら宅建資格を取得した。

ことなども、お金を払ってでも知りたいという人は多いものです。

もう1つのワークは、知識・経験の棚卸しです（図13・14）。

このワークシートには、5つの観点があります。こういうものの中に、あなたにしか書けないネタがあるのです。

まわりの人に聞いてみる

とはいえ、ワークシートを書いてみても、皆さん、なかなか自分の強みに気がつかないものです。

劇団四季マニアのさとうさんも、自分の知っている方法が情報商材になって、それを誰かが買ってくれるなんて思ってもいませんでした。周囲の人と話していて、「それって、お金を払ってでも知りたい」と言ってもらえて、初めて気づいたのです。

私に情報商材を作りたいと相談にきた、サラリーマンのKさんも同じでした。

どんなネタがあるかをヒアリングしたら、最初は、趣味も特技も資格もないと言い張っていたのです。ようやく出てきた趣味が、「休日にドライブに行く」というものでした。

「どんな車に乗っているの?」と聞いたら、軽自動車だと答えます。ただ、オートマ車でなく、マニュアル車だと言います。

「最近、軽自動車でマニュアルに乗ってる人って珍しいですよね?」と聞くと、「ええ。車の運転は得意なんです」と言います。詳しく突っ込んで聞くと、若いころ趣味でレースをやっていて、A級ライセンスも持っているとのこと。

「それを早く言ってよ」と思わずツッコミそうになりましたが、気を取り直して、「じゃあ、人に運転を教えるのもできますか?」と聞いてみました。すると、自信があると言うではありませんか。

そこで思いついたのが、ペーパードライバー教習を受けようと考えている人向けの情報商材でした。ペーパードライバー教習を受けようと思ったら、5万円から10万円かかります。教習所に行かなくても、ネットの教材を読んで運転が上達するのなら、買ってみようと思う人はいるはずです。

この情報商材は、一時期は月20本ほど売れていたそうです。現在は競争相手が現れて、昔ほど売れなくなったようですが、いまでも一定の本数が売れ続けていて、サラリーマンのKさんにとってうれしい副収入になっています。

あなたにも、人に言われるまで特技だと気づかないことがあるのではないでしょうか。

「いや、Kさんは忘れていただけで私には本当にないんです」という人も多いのですが、私は信じないことにしています。Kさんもあれだけ自分には趣味も特技もないと言い張っていたのですから。他に私がヒアリングした人たちも、結局は、情報商材にできるような趣味や特技を持っていました。

自分のあたりまえは、他人のあたりまえではない

会社員の方でも10年も同じ仕事をしていたら、私たちには分からない専門用語や業界用語を平気で使ってきます。

私はネットビジネスをやっているので、仕事がらＩＴの専門家と打合せをすることがあります。ある日、「じゃあ、要件定義しましょう」と言われたので、「何ですか、それ？」と聞き直してしまったことがあります。サーバーの設定をしたり、適切なアプリケーションを選んだりするために細かい取り決めをすることを「要件定義」と言うらしいのです。ＩＴ業界などでは普通の言葉のようですが、一般の人は知りません。

実例1　自動車の運転が好きなKさんの例

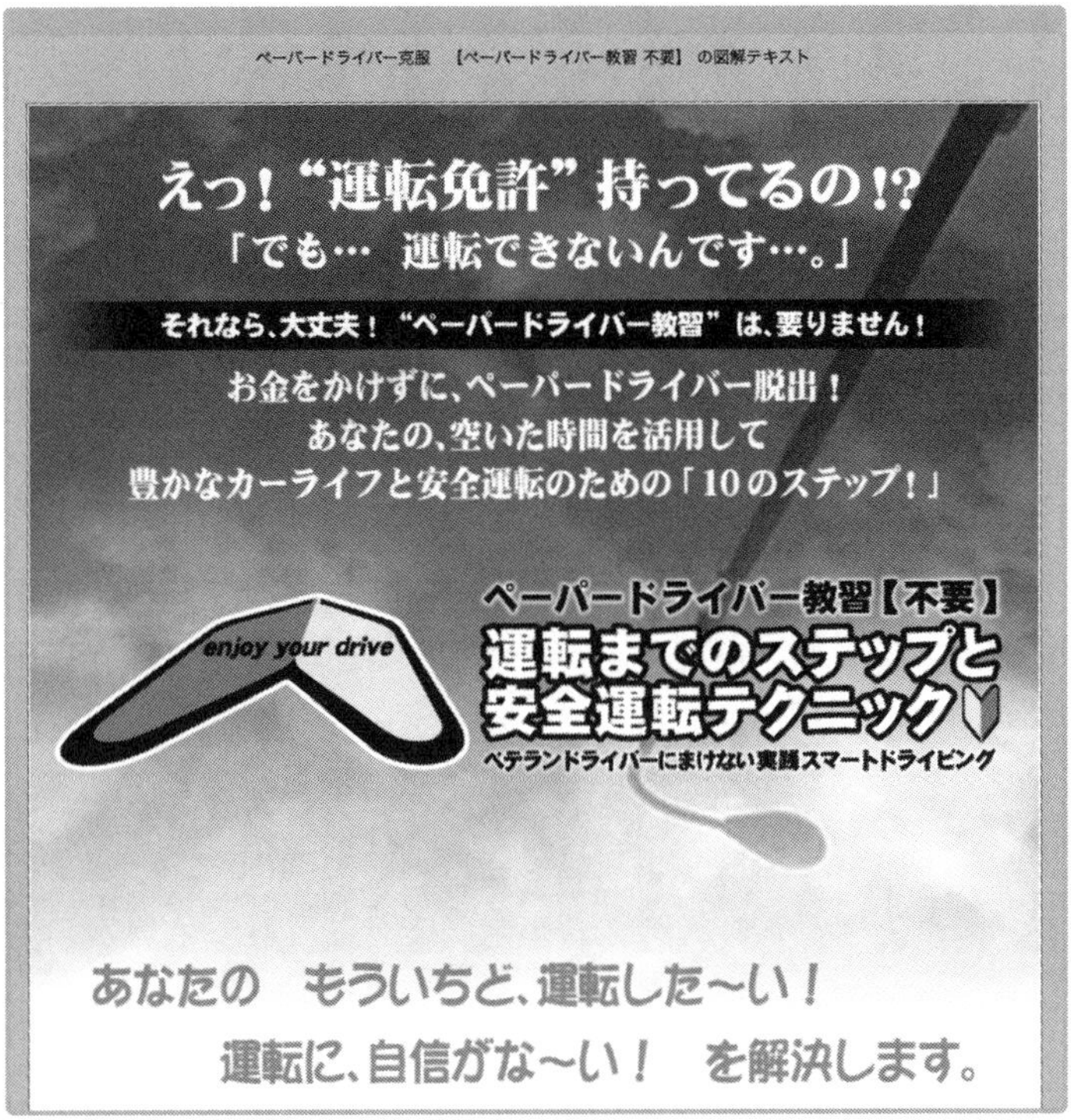
ペーパードライバー克服　【ペーパードライバー教習 不要】 の図解テキスト
えっ！“運転免許”持ってるの!?
「でも…　運転できないんです…。」
それなら、大丈夫！ “ペーパードライバー教習” は、要りません！
お金をかけずに、ペーパードライバー脱出！
あなたの、空いた時間を活用して
豊かなカーライフと安全運転のための「10のステップ！」
enjoy your drive
ペーパードライバー教習【不要】
運転までのステップと
安全運転テクニック
ベテランドライバーにまけない実践スマートドライビング
あなたの　もういちど、運転した〜い！
運転に、自信がな〜い！　を解決します。

http://www.safety-driver.net

でも、こういうことはITの専門家に限ったことではありません。主婦が普通に知っているブランドをご主人はご存じなかったりするでしょう。皆さん、自分がある道の専門家だということを忘れてしまっているのです。

自分のあたりまえは、他人のあたりまえではないのです。

情報商材のネタをいくつか出したら、他の人に見てもらってください。すると必ず、質問が出てくるはずです。

質問してもらうことで、あらたな気づきが生まれます。自分ではあたりまえだと思っていても、他人が知らないことが見つかれば、それは十分、情報商材のネタになります。

他人に聞くことで、自分ではなく他人が知りたいことが見えてきます。これも〝相手想い〟ですね。アフィリエイトと同じで、情報商材でも〝相手想い〟は重要なキーワードです。

実際に売られているコンテンツを調べよう

ネタ探しという意味では、実際に売られている情報商材を調べるという手もあります。

第1部で紹介しましたが、情報商材のアフィリエイト専門のASPがあります。代表的なASPは、インフォトップ（http://www.infotop.jp/）とインフォカート（http://www.infocart.jp）です。

先日、インフォトップを見ていたら、面白い情報商材を見つけました。「あっ！と言わせるダシ巻き玉子の作り方」というものです。「1パック198円の玉子で作ったダシ巻き玉子が高級料亭の烏《う》骨《こっ》鶏《けい》を使ったダシ巻き玉子を上回った！」というキャッチコピーがついていました。情報商材の値段は1000円です。

料理のレシピ本はたくさんありますが、ダシ巻き玉子に絞った本はありません。よほどダシ巻き玉子に自信があるのでしょう。どれだけ売れているのかは分かりませんが、1000円なら買う人がいそうに思います。

このぐらい絞ったコンテンツでも情報商材になり得るということです。

インフォトップは、「家庭と暮らし」、「美容・健康」、「恋愛・コミュニケーション」などジャンル分けしているので、ヒントになる情報商材を探すのに便利です。

ただ、ネットで売られているものだけだと視野が狭くなるおそれがあります。紀伊國屋など大型書店の書籍ランキングも調べてみましょう。

すでにある情報商材の切り口を調べる

インフォトップなどの情報商材ＡＳＰでは、すでにある情報商材の切り口を調べてみてください。いろいろなキーワードが見つかると思います。

・得する裏技　・ペット
・お受験　・家事
・人間関係　・浮気解決
・ストレス解消　・カラオケ
・健康保険　・結婚式司会
・クルマの燃費など

こういった身近な情報で、自分しか知らないのではないかと思えるようなものがネタになります。

保
P

あるいは、クルマの燃費を気にする人がいるのなら、維持費を気にする人もいるのではと関連情報も考えていきます。

なお情報商材では、稼げる系、モテる系、痩せる系など、〝欲望〟に直結するものは特に多いようです。これらの中には爆発的に売れるものもあります。しかし、競争相手が多いので、よほど目新しい切り口でなければ、売れる確率も低くなります。その点、趣味の情報は、爆発的に売れなくても、細く長く売れる傾向があります。

書籍より高くても、なぜ売れるの？

先ほど紹介したように1000円の情報商材もありますが、多くの情報商材は数千円します。中には1万円から数万円するものもあります。

ほとんどのビジネス書が1000円台だということを思えば、高く感じる人は多いのではないでしょうか。

まずは、情報商材の価格の相場を見てみましょう。

Ａ４サイズで、10ページ＝１０００円が、価格の目安となります。３０００円の情報商材であれば、30ページ必要です。

なお、Ａ４サイズというのには、理由があります。情報商材は、Wordなどのワープロで作成し、それをＰＤＦ（Portable Document Format＝アドビシステムズという会社が、ネットなどで電子文書を共有するために作りだしたファイルの形式。ほとんどのＰＣやスマホなどで閲覧できる）という形式に変換したものがほとんどです。Wordは、そのまま使うとＡ４サイズの文書ができるので、情報商材もＡ４サイズのものがほとんどなのです。

さて、価格だけ見て、情報商材を〝詐欺〟のように言う人もいます。

しかし、本当は、高く売れる理由があるのです。

書籍は一方通行であることが普通です。著者の書いたことを私たちは受け取るだけです。せいぜい感想を送るぐらいしか、著者とのコミュニケーションの方法はありません（著者のセミナーに出かけるという手はありますが）。

これに対して、ある程度価格の高い情報商材は、作成者のサポートがついています。質問をすれば、何らかの回答が返ってくるのが普通です。

たとえば、先ほど紹介した、自動車の運転のコツを教えてくれるKさん。私もモニターとして情報商材を入手しました。何でも質問していいとあるので、「自宅の駐車場から一般道に合流するとき、交通量が多くてなかなか出られないけど、何かコツがあるのか」とメールで質問してみました。

すると、KさんからPDFで回答が送られてきました。

開いてびっくりしました。丁寧なことに、図まで描いてくれています。「山口さんの駐車場は、たぶんこのような道に面していると思うのですが、だとしたら……」と詳しい説明が添えてありました。Kさんは私の自宅に来たことがないので、どうして分かるの？　と驚いてしまいました。

このようなサポートを、他の購入者にもしていたようです。そう思う理由は、Kさんのサイトには、購入者の声が載せられていて、その中に、サポートに感動したというような言葉がたくさんあるからです。

高額の情報商材を販売しようと思ったら、できるだけサポートをつけてください。サポートに手間を取られるのではないかと心配する人もいますが、実際にサポートを利用する人は1割もいません。また、どの情報商材もサポート期限をつけているのが普通です。

それよりもクレームに注意してください。中にはセールスページの一部だけを読んで、過大な期待をする人がいます。このような人から、「話が違う」とクレームが来る場合があります。

「その件については、ここに書いてあります」と口論するよりも、相手の言い分を聞いた上で謝罪して、全額返金するほうが損害は少ないと思います。消費者センターに苦情を持ち込まれたら対応だけで時間がかかりますし、ネット上で悪口を言いふらされることさえあります。

ただし、免責事項については、明記しておきましょう。それを読んで変なクレームを慎む人がほとんどですし、最悪の場合でもあなたを守ってくれます。

まずはブログとメルマガを始める

ネタが決まったら、いきなり情報商材を作り始めるのではなく、まずはブログやメルマガを始めましょう。

文章を書く練習になりますし、情報商材を販売する際の見込み客集めにもなります。

この場合のブログやメルマガについては、業者が提供しているサービスを利用して構いません。

ブログではアメブロ（Amebaブログ）、メルマガではまぐまぐ！が有名です。まぐまぐ！の場合、登録に審査がありますが、公序良俗に反していなければ、問題ないようです。

ただし、突然記事を削除されたり、IDを停止されたりすることもあるようなので、記事はパソコンで作ってから、コピペしてブログやメルマガに載せることをおすすめします。こうしておけば、手元に残るからです。

記事をまとめて情報商材にするということも可能です。これに向いているのはメルマガのほうです。まぐまぐ！には最新号だけを公開する機能があります。これを使えば、情報商材の内容を無料ですべて見られてしまうことはなくなります。第1号からすべて保存しているような熱心な読者は少数ですし、このような読者はサポートがあることが分かれば、かえって購入してくれるものです。

ブログは、情報商材の素材作りよりも、ファン作りに使うほうが向いています。情報商材の販売を始めたときに、ブログの読者が「この人のコンテンツなら購入を検討してみてもいいかな」と思ってもらえるような記事を、継続的に書いていきます。

メルマガもブログも読者が増えれば、情報商材販売前のモニターを集めて、感想文や推薦文を多数もらうことができます。もちろん、販売開始の告知媒体としても使えます。

こうして読者を集めよう

メルマガやブログの読者を増やすにはいろいろな方法があります。

メルマガの場合は、相互紹介という方法がよく使われます。他のメルマガに登録して、感想文と一緒に「あなたのメルマガを紹介させてもらいますので、私のメルマガも紹介してもらえないでしょうか」とお願いするというものです。

ただ、あまりに読者数が少ないのでは、相互紹介のお願いもしづらいので、ある程度読者数を持つメルマガの著者と友達になって、紹介してもらうというのが最初はいいかもしれません。メルマガの著者にはセミナーなどを主宰している人がいるので、そのセミナーに参加して、懇親会などを通じて仲良くなることも可能です。

「えー、そんな、〝先生〟と仲良くなるなんて……」と思った人もいるかもしれません。実際にやってみると分かりますが、意外とハードルは低いものです。

お金があるのならば、読者増加サービスを使うという手もあります。まぐまぐ!だと、メルマガ読者増加メニューというサービスがあります。

ブログの場合は、相互読者登録をお願いしたり（こちらは、メルマガの相互紹介と違って、読者数はあまり関係ないようです）、好意的なコメントをつけて仲良くなるなどの方法があります。アメブロには、アクセス数を増やしたい読者のために、「アクセスアップ講座」（http://helps.ameba.jp/aguide/access/）という記事があります。こういうものも参考にするといいでしょう。

メルマガもブログも、紹介や口コミで読者を増やしていくというのが基本的なやり方です。紹介してもらいたいのであれば、どういう文面で、どういう提案をしたら受け入れてもらえるだろうかということを考えてください。これも〝相手想い〟です。

コンテンツを作成する

ブログやメルマガでコンテンツの素材がたまってきたら、いよいよコンテンツ（原稿）を作成します。

原稿は、Wordなどのワープロソフトで執筆します。執筆が終わったら、ＰＤＦ化するソフトを使ってPDFにします。ネットで探せば、PDFを作成するツールが無料で配布されています。それでは画質が悪いと思ったら、数千円で高性能のツールが売られているので、それを使えばいいでしょう。

コンテンツそのものの作り方が分からないという人もいます。そういう人は、他人の書いた情報商材を購入して研究しましょう。無料の情報商材でも構いません。

冒頭のあいさつ文、目次、本文、あとがきの書き方などは、だいたい共通しています。いくつか見れば、コツが飲み込めるはずです。

アフィリエイトでもそうだったように、何でも最初は人真似から入って、だんだん自分らしさを作っていくのが早道です（ブログやメルマガも同じですね）。

言うまでもないと思うのですが、あなたと属性の近い人を真似してください。同年代・同職業（主婦なら主婦）・同じような趣味や嗜好の人を何人か参考にします。

どうしても文章が苦手ならば、動画を撮りおろして、DVDにして販売するという方法もあります。これもホームビデオとパソコンがあれば誰でも作ることができます。ただし、1万円以上の価格にしたいのであれば、動画作成のプロにお願いすることをおすすめします。ネットで探せば、個人で10万円前後で作ってくれる人が何人も見つかります。

ネタがない場合には、ネタがある人とコラボレーションするという方法もあります。ビジネス系のコンテンツを作りたいのであれば、特におすすめの方法です。その業界で成果を出している人や、書籍を出している人に、条件を提示（売り上げを折半するなど）して、提案するのです。その場合は、あなたは取材して、コンテンツを作ることになります。これも意外と受け入れられます。相手は取材に答えるだけで、継続的な収入になるからです。

モニターを集めて、感想をもらう

情報商材ができあがっても、いきなり売ろうとしてはいけません。〝相手想い〟のコンテンツになっていないと売れませんので、そのチェックが必要です。そのために大切なのは他人の目で見てもらうことです。

友人や家族などに見てもらい、フィードバックをもらいましょう。

ただ、友人や家族はもともと考え方や好みが似ていますし、感想もオブラートにつつむことが多いようです（奥様に対する男性の見方はちょっと違うようですが……）。

そこで、メルマガやブログが活きてきます。こちらで、無料モニターを募集するのです。

無料モニターを募集する際には、必ず感想文をもらう約束をします。さらに、できるだけ遠慮のない意見を書いてもらうようにお願いをします。

1回目のモニターは、コンテンツの改良のためにもらうので、厳しい意見ほどありがたいと思うようにしましょう。中には、自分の趣旨を理解してくれない読解力の低い人の意見だと思えるようなものもあります。しかし、少なくとも情報商材に限っては、伝わらない書き方に問題があると思うことです。

情報商材では、すばらしい文章よりも、分かりやすい文章のほうがずっと価値が高いのです。「分かりづらい」というフィードバックには、特に耳を傾けてください。

アフィリエイトでも、分かりやすい文章を書くのは同じでした。あとで出てくる情報商材のセールスレターでも、これは同じです。

情報商材では、ほかにも重要なチェック項目があります。それは、自分の経験を一般化しすぎていないか、ということです。

論理的でないというのとは少し違います。論理的であるよりも共感に訴えるほうがいいこともあるので、あまりにもめちゃくちゃな論理はよくないと思いますが、理路整然としているかどうかはあまり重要でないと思います。

一般化しすぎるというのは、自分にできたことを誰にでもできると主張することです（逆に、自分ができないことはみんなもできないと思うのも一般化のしすぎです）。

もちろん本当に誰でもできることなら構いません。条件付きでもいいのです。「1日10分を3ヵ月続けられれば誰でもできる」はOKです。

再現性がないというのが問題なのです。言いかえると、自分にはとてもできそうにない、と読者が思ってしまったらいけないということです。

これには2通りあって、条件をつけることが必要な場合もありますし、書き方が悪いという場合もあります。条件が必要な場合は、その条件を明記しなければなりません。本当に誰にでもできることなのに、それが伝わっていなかったら、書き方を変える必要があります。

以上のようなことをモニターから教えてもらいましょう。

モニターは1回だけでなく、何度か募集します。フィードバックをもらって改良したら、その都度募集します。何回か修正するうちに、好意的な感想が集まってくるようになります。

こうなったら、コンテンツとしては完成です。

適正価格を決める

コンテンツのブラッシュアップ以外にも、モニターを募集する目的があります。それは、価格決めです。

目安としては、A４用紙10ページで１０００円と書きました。しかし、これは目安でしかありません。３０００円で売りたければ、30ページ以上書けるだけの内容が欲しいという意味合いです。

価格は、結局読者がどれぐらい価値を感じるかということで決まってきます。あなたの情報商材がお金の稼ぎ方に関係するとします。これを読んで、すぐに10万円ぐらい稼げると思ったら、１万円ぐらいまでは喜んで払うでしょう。でも、どんなにがんばっても１０００円しか稼げないのであれば、１万円払う人はいません。

お金の話なら分かりやすいのですが、精神的な満足（安心やモチベーション向上など）や自己実現的な満足（カラオケがうまくなる、モテるようになるなど）であれば、いったいいくらの価値があるのかは、人に聞いてみないと分かりません。

そこで、感想だけでなく、自分ならいくらで売りたいかを聞いてみるのです。いくらなら買いたいかと聞くと、低い価格になる可能性がありますが、いくらで売りたいかだと、読者が感じている価値が分かります。

何人かに聞いてみて、あまりにも高い価格と低い価格は捨てます。残りの価格の平均値あるいは中央値が適正価格の候補になります。

平均値は知っていても、中央値は知らないという人もいるかもしれません。中央値とは、文字通り真ん中の値になります。

たとえば、7人の人にいくらで売りたいかを聞いたら、安い順に次のような答えが返ってきたとします。

500円、2000円、3000円、4000円、4500円、7000円、1万円

このうち、500円と1万円は無視して、残りの値で考えます。

平均値は、2000円、3000円、4000円、4500円、7000円を足して、件数である5で割ったものです。この場合だと4100円になります。

中央値は、7人の真ん中の値なので、4000円になります。

この例だと、4000円あたりが適正価格だろうと予想されます。

最終的には、ページ数なども目安にして、価格を決めることになります。

権威のある人に推薦文をもらう

価格が決まれば、情報商材を販売するためのセールスページを作ることになります。

セールスページには、モニターからもらった感想（もちろん好意的な感想です）をできるだけたくさん載せます。

これだけでも、情報商材の説得力を増すには十分ですが、ダメ押しをしたいなら、権威のある人の推薦文をもらいましょう。

権威があると言っても有名人である必要はありません。医者や弁護士などの公的な資格を持っている人、工学博士やITエンジニアなどの専門家、学校やカルチャースクールの先生、あるいは本を出している人などが知り合いにいたら、推薦をお願いしてみましょう。

情報商材の内容とかけはなれた肩書きの人でも、あなたの情報商材のコンテンツが趣味に関するものであれば、その趣味を持つ人であればいいのです。もちろん、その道の専門家であれば最高の推薦となります。

「断られるのがいや」という理由で、推薦をお願いしない人がたくさんいます。〝自分想い〟なんですね。断られて何も失うものはありません。ダメでもともとなのです。

「いや、私だったらそんな依頼は迷惑だと思うので、これは〝相手想い〟なんです」という反論もあるかもしれません。

では、あなたは何のために情報商材を売ろうと思うのでしょう？　お金儲けがしたいから？　それもあるでしょう。お金を稼ぐことを否定してはいけません。でも、同じ稼ぐなら堂々と稼ぎたくはありませんか？

思い出してください。その情報商材を作ろうと思った気持ちを。

そのコンテンツを見て役に立つ人がいるからではありませんでしたか？　これこそが一番の〝相手想い〟です。

だったら、将来の読者のために堂々と（もちろん失礼や迷惑のないように）推薦をお願いしましょう。

〝相手想い〟でお願いすれば、推薦文を書いてもらえる可能性も高くなるのです。

セールスページは1ページが原則

好意的な感想が集まりました。推薦文ももらえました。

いよいよ、情報商材のセールスページを作っていきます。

母艦サイトやアフィリエイトサイトを作ったことがあれば、セールスページも作ることができます。ネットスキルという意味では、ホームページを作るスキルでセールスページも作れます。

ただ、セールスページには、他のサイトとは違う特徴があります。まず、これを説明します。

標準的なWebサイトの構成はすでに説明しました（112ページ）。ヘッダー、サイドバー、本体、フッターなどの部分に分かれています。

セールスページにも、ヘッダー、本体、フッターはありますが、サイドバーはありません。サイドバーがない理由は、他のページに逃がさないためです。サイドバーには普通、メニューがあります。また、他ページへのリンクもあります。これらをクリックされると、せっかくセールスページに誘導したのに、他のページに飛んで行かれることになります。

ネットサーフィンをしたことがある人なら分かると思います。次々とリンクをクリックして、サイトを渡り歩いているうちに、「あれ？ 私は、本当は何がしたかったのだろう？」と思うことがしばしばあります。セールスページに来てくれた人はがっちり捕まえたい。そのためにセールスページには、余計なリンクは貼らないのです。

同じ理由で、セールスページにはバナー広告やアドセンス広告などの不要なリンクは一切載せません。

セールスページに必要なリンクは、ショッピングカートか申し込みフォームへのリンクだけです。縦に長くスクロールするページで、あなたの商材を宣伝し、最後に購入ボタンを押してもらう。これがセールスページの構成になります（図15）。

図15. 典型的なセールスページの構成

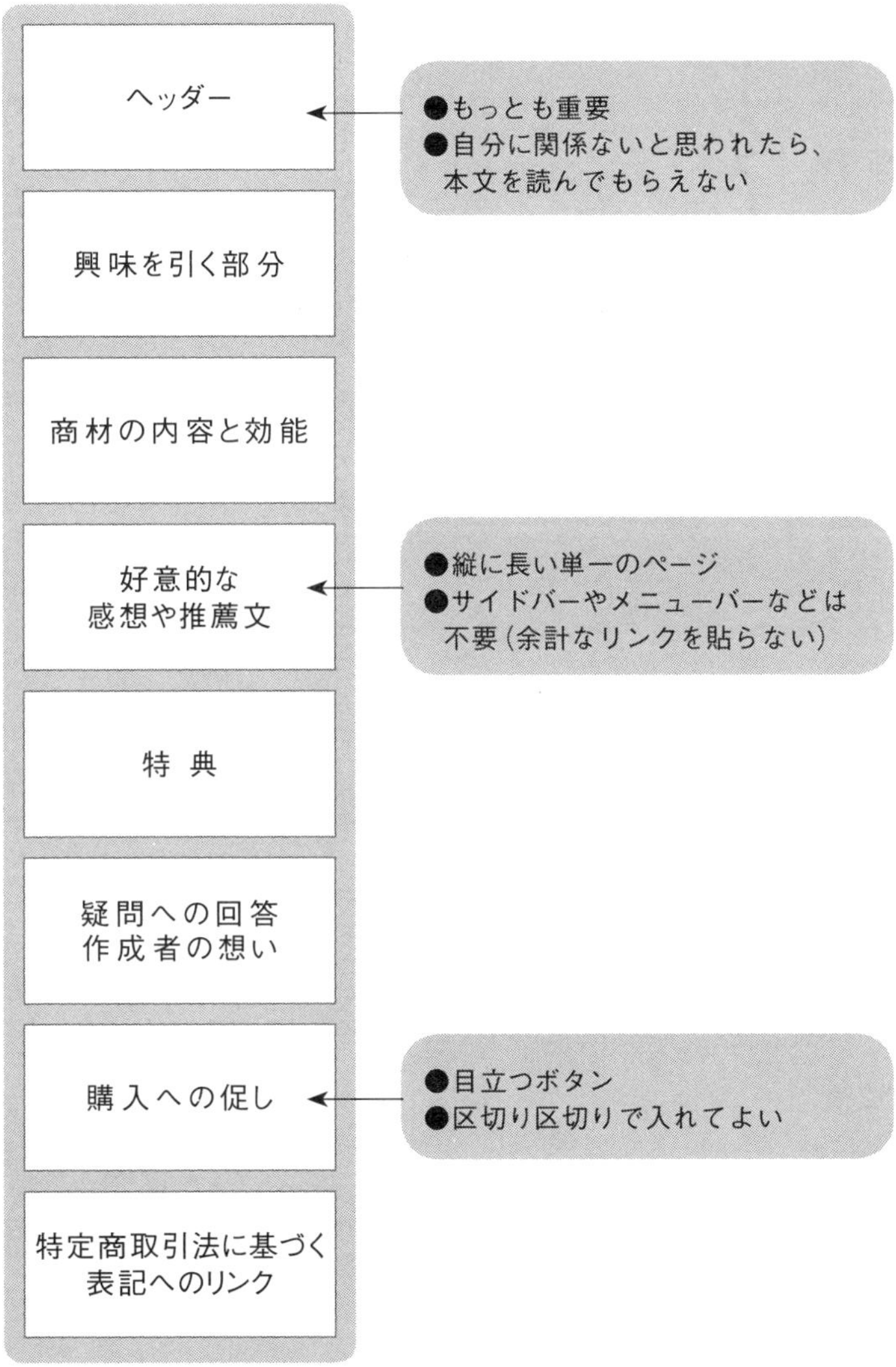

ところで、母艦サイトやアフィリエイトサイトでは「サイト」という言葉を使っているのに、セールスページでは「ページ」という言葉を使っています。どう違うのでしょうか？

サイトはページが集まったものです。母艦サイトやアフィリエイトサイトは通常複数のページでできています。それに対して、セールスページは1ページが基本です。この他にホームページという言い方もあります。これは、サイトとページをひっくるめた言い方と思えばいいでしょう。ホームページ制作の本があれば、それには1つ1つのページの作り方はもちろん、ページの集合体であるサイトの作り方も書いてあるはずです。

好意的な感想や推薦文がたくさんあると、レイアウトのことだけを考えたらページを分けたくなります。しかし、セールスページでは、長くなっても1ページに押し込むのが基本です。とにかく他のページに逃さないことが、セールスページの原則です。

セールスレターの書き方

セールスページのコンテンツ（文章）をセールスレターと言います。次にセールスレターの書き方を大まかに説明します。

セールスページのヘッダーには、写真とキャッチコピーを入れます。この部分がセールスレターで最も重要な部分です。

いくら、本文がすばらしくても、ヘッダーがだめなら、誰も読んでくれません。

ヘッダーは「つかみ」です。自分に関係あると思ってもらえないと次を読んでもらえないのです。逆に、関係ないと思う人に読んでもらう必要はありません。

では、どんなヘッダーなら次を読んでもらえるのでしょうか?

情報商材には読んでもらいたいターゲットがいます。思い出してください。100人に1人が振り向いてくれるコンテンツであればいいと書きました。ネタを考えていた時点で、ターゲットのことも考えていたはずです。では、もう一度、それをきちんと言語化しておきましょう。

あなたの情報商材が主婦向けだとしても、「主婦」というような大きなくくりでは誰も振り向いてくれません。「たしかに私は主婦だけど、それって私のこと?」という反応になってしまうのです。

一方、「子どもが幼稚園や小学校に入り、少し時間ができ、パートを始めようかと考えている、パソコンの好きな主婦」ならどうでしょう? 当てはまる人は、ちょっと読んでみようかしら、と思うでしょう。そうでない人は、立ち去るでしょう。それで構いません。

実は、このような表現には、案外多くの人が反応するのです。たとえば、お子さんが結婚して手が空いた50代、60代の主婦でも、いまはパソコン好きがたくさんいます。実際にこの人たちも反応します。

だから、絞ることを恐れる必要はありません。絞れば絞るほど、反応する人も多くなるものなのです。

私の場合は、情報商材のタイトルに「打率9割のヤフカテ攻略」という名前をつけて、「ヤフカテ」でSEOをかけました。

「Yahoo! カテゴリ」という正式名称をタイトルにしなかった理由は、「Yahoo! カテゴリ」について調べている人やYahoo! カテゴリを表示したいだけの人を避けて、「ヤフカテ」という〝業界用語〟で検索している人を集めたかったからです。こういう人たちは、高い確率で私の作った情報商材に反応してくれます。

大切なのはやっぱり〝相手想い〟

では、「免許を取って以来車の運転をしていないが、また車の運転をしたい、なのでペーパードライバー教習の受講を検討中の人」向けの情報商材を作ったとしましょう（先ほどのKさんのケースですね）。どんなヘッダーがいいでしょうか？

写真が富士山の写真だったらどうでしょう？　ビジュアルとしては美しいかもしれませんが、何か違和感があるはずです。でも、きれいだけど内容とは関係のない写真を載せている人が意外と多いのです。本人の中では深い意味があるのかもしれません。「富士山のような雄大な心であなたに接します」というメッセージを伝えたいのかもしれません。でも、それは見る側には、さっぱり伝わりません。

やっぱり〝相手想い〟で考えましょう。一例ですが、笑顔で車の運転をしている女性の写真のほうが、富士山の写真よりも伝わるものがあると思いませんか？

キャッチコピーも同じです。分かりやすさを心がけましょう。この例で言えば、次のような言葉が入っているといいでしょう。

・運転免許は持っているが、運転に自信がない人のためのページだと分かること
・ペーパードライバー教習などに、大金をかける必要がないこと
・空き時間などに手軽にできること
・豊かなカーライフ、安全など精神的・自己実現的な満足があること
・「10ステップ」など、具体的な方法論がイメージできること

こういう言葉が並んでいれば、このページには自分にとって役に立つことが書いてあるかもしれないと思ってもらえるでしょう。こう思ってもらえて、初めて続きを読んでもらえるのです。

〝読みたいと思ってくれる人〟に伝えること

さて、情報商材を買ってもらいたい人（ターゲット）が読みたいと思ってくれました。以下、ど

運転したい
○
×

うしていけばいいでしょうか。

次にすることは、文章でさらに興味を持たせることです。そのためには、共感（「これって、まさに私のことだわ！」）や意外性（「えっ！　こんな人でも大丈夫なの？」）のあることを書くことです。

そして、最終的にはうまくいって、明るい未来が待っていることを伝えます。

ここまで来たら、次に情報商材の内容のさわりや効能を伝えます。最初にこれを伝えたがる人が多いのですが、興味を持ってもらってからでないと、単なる売り込みに見えるので逆効果です。

商材の内容を伝えたら、信用を高めるために、好意的な感想や権威がある人の推薦文を入れます。自分の役に立つことが分かり、商品の具体的なイメージもつかめました。信用度も増してきました。しかし、まだ購入はしてくれません。そこで特典を用意します。特典については、あとで詳しくお話しします。

特典を見て、かなり買いたい気持ちが高まりました。でも、普通はまだ買いません。完全に信用しているわけではないからです。人はうまい話にだまされたくないのです。

とはいえ、ここまで読んでくれている人は買いたい想いが高まっています。買わない理由を1つ1つ消していけば、購入してもらえる確率がどんどん高くなります。

そこで、予想される疑問に対して一問一答形式で答えたり、あなたがこの情報商材を作った想いなどを書いたりします。

役に立たなかったらどうする？

最後のとどめとして、完全返金保証という方法もあります。「役に立たなかったら全額返金します」という言葉で、買わない理由を完全に消し去るのです。

完全返金保証をつけるのには抵抗がある人も多いでしょう。また、内容によってはつけたくないものもあると思います。方法論が明快で再現性の高い場合です。要するに誰でもそのとおりにやれば高い確率でできてしまうものです。

情報商材の場合は、ＰＤＦ等で配布することが多いので、返金しても商品は手元に残ります。無料にしたいためだけにクレームをつける人もいないとは言えません。

なので、無理につけることはないと思いますが、購入ボタンを押してもらうための強力な武器であることは間違いありません。

最後に忘れず、購入を促します。

申し込み用の目立つボタンを用意し、「ご購入はこちらから」と大きく書きます。このボタンは、本文の区切り区切りに入れてください。セールスページはかなり長くなります。途中で買いたくなる人も一定数出てくるのが普通です。そのときに近くに購入ボタンがないと、買う気が失せることもあるのです。

以上がセールスレターの書き方のセオリーですが、必ずしもこのとおりとは限りません。セールスレターについても、売れている情報商材のセールスレターを研究して、真似してみましょう。

なお、セールスレターについては、デザインも重要です。色づかい、フォント（書体）の選び方・大きさ、ボタンのサイズ・色・形なども、購入率を高めるためには重要です。

デザインについても、売れている情報商材のセールスレターは参考になります。

ヘッダーについては、写真とキャッチコピーという組み合わせでお話ししましたが、必ずしもそうとは限りません。きれいにデザインされたヘッダーもよく見かけます。

デザインについては、お金があるのなら、プロに作ってもらったほうがいいかもしれません。ただし、その場合でも、文章は自分で書きましょう。その文章に合うデザインをお願いすることです。

文章については、多少素人っぽくても、それがあなたの個性として伝わります。しかし、デザインが稚拙だと、それだけで売れないことが多いのです。

そういう意味では、プロフィール写真も重要です。プロフィール写真を載せるならば、できれば写真館でプロに撮影してもらいましょう。最低でも、写真の上手な知人に撮ってもらいましょう。

ある調査によれば、人は、人の顔が写っている写真にもっとも強く反応するのだそうです。最新の脳科学でも、顔写真の印象が信頼度を大きく左右することが分かっています。プロフィール写真の印象だけでも売り上げに影響するものなのです。

ネットで顔出しすることに抵抗がある方もいるかもしれません。私もそうでした。ですが、顔の見えない相手から高額な情報商材を買いたいと思うでしょうか？　〝相手想い〟の観点からすると、顔出ししたほうが買う人の不安感を取りのぞけるのです。それに気づいてからは、私もネット上に顔を出していますが、いままでそれでトラブルが起きたことはありません。

特典を用意する

セールスレターの説明でも書いたように、情報商材を売るためには、特典が必要です。特典と聞くと、ノベルティグッズのようなものを思い浮かべる人も多いと思います。もちろん、提供できるものがあれば、何でも提供しましょう。ただ、グッズ目当ての人を集めても、情報商材のよさが口コミや紹介で伝わっていかないので、こういったものをメインの特典にしてはいけません。

先ほど、価格についてお話ししたときに触れたように、情報商材でのメインの特典は、サポートです。言い方を変えると、作成者とのコミュニケーションです。これを特典としてつけるのが有効です。

サポートのやり方はいくつかあります。一般的には、メールでのサポートとなります。次に多いのは、Skype などネットで使える無料電話でのサポートです。これは、予約制で一定の時間を取ることになるので、かなり高額な情報商材でのサポートになります。

情報商材を購入してくれた人だけのSNSや掲示板でのサポートもあります。これは、それほど手間はかかりませんが、ここまで来るとコミュニティ活用ビジネスに近いものになりますので、期限を設けず、一生付き合う気持ちが必要となります。

商材の一部を別ファイルにして、特典としてつけるという手もあります。たとえば、1万円で売ろうと思って100ページ書いたのだけど、モニター調査をしたら、6000円ぐらいが適正価格だと分かった。こういうときには、30ページ分ぐらいを別冊にして、それを特典にするという手があります。30ページで1冊よりも、10ページで3冊のほうがお得感が増しますので、そのように編集できないかも考えてください。

チェックリストやワークシートなどのフォーマット類を別冊にして、特典にするという手もあります。

バージョンアップの無料配布も有効だと思います。DVDだとかなり手間ですが、PDFならばほとんど手間がありませんので、特典としてつけるといいでしょう。

同分野で著名な人と対談して、その動画や音声をつけるという特典もあります。推薦文を書いてくれた人にならば、頼みやすいと思います。相手も情報商材を売っている人なら、お互い無料で助け合うという手もあります。そうでないならば、売り上げの一定割合を支払うなど、相手が納得する提案と一緒にお願いすることです。

特典は、値段が高いものよりも、その人でないとつけられないもののほうが喜ばれます。

私は、「ヤフカテ攻略法」の商材に、私の母艦サイトからのリンクを1つプレゼントするという特典をつけました。これは好評でした。このようなものがあれば、ぜひ特典にしましょう。

特定商取引法に基づく表記の作成

セールスページができあがり、特典も用意できました。セールスページを公開したいと気がせいているかもしれませんが、まだ、もう1つ準備があります。

それは、「特定商取引法（「特定商取引に関する法律」）に基づく表記」の作成です。

セールスページからは無用なリンクはしないと書きましたが、このページへのリンクだけは入れてください。フッターに入れるといいでしょう。

ネットで物やサービスを販売するときには、特定商取引法の規定に従わなければなりません。特定商取引法では、販売者の名前・連絡先・販売物の概要・返品や不良品に関する取り決めなどを明記することが求められています。これを「特定商取引法に基づく表記」と言います。

アフィリエイトは商品の紹介なので、特定商取引法とは関係ありませんでしたが、情報商材のセールスページは販売になりますので、「特定商取引法に基づく表記」が必要になるのです。

とは言っても、書くのが難しいものではありません。情報商材のセールスページには、かならず「特定商取引法に基づく表記」そのもの、あるいはそれへのリンクがありますので、これも真似してしまえばいいだけです。

個人情報や商品名などは書き換えて、返品や不良品などへの対応は参考にして作ってしまえば何の問題もありません。

ただ、個人情報を公開してしまうことに抵抗がある人がいるかもしれません。

ビジネスですので、ある程度公開するのはしかたのないところです。ただ、メールアドレスは、迷惑メールが来ることも考えられますので、プライベートで使用しているものは避けて、専用のメールアドレスを取得してください（レンタルサーバー・サービスを利用すれば、メールアドレスも簡単に取得できます)。

自宅の住所や電話番号を公開するのがいやなら、電話代行サービスを利用するという方法もあります。親しい友人が会社経営をしているのであれば、そこの名義を使わせてもらうという方法もあります(もちろん〝相手想い〟でお願いしてくださいね)。何らかの方法はあるものなので、あきらめずに探してください。

なお、購買者の個人情報についても配慮する必要があります。これについては、「個人情報の取り扱いについて」というページを用意する人もいますし、「特定商取引法に基づく表記」に含む人もいます。情報商材を販売している人は、「特定商取引法に基づく表記」に含めている人が多いようです。これも実際のページを見て、参考にしてください。

セールスページはテストしよう

ようやく準備が整いました。次は、セールスページをネット上で公開します。

セールスページも独自ドメインを取得して、そこにアップします。

ここで大切なのは、同じドメインの中でいいので、セールスページを複数用意することです。2つでも構いませんが、3パターンぐらいあるといいでしょう。

これは、広告のプロもやっていることです。セールスレターの書き方には、先ほど書いたようなセオリーがありますが、実際にどのレターに反応があるかは、テストしてみないと分からないのです。プロのコピーライターでも、自信作にまったく反応がないのに、そうでないものに反応があることがよくあるのです。

私たち素人であれば、もっと予測がつきません。

セールスレターを書いているときに、どの表現がいいか悩むと思います。その際には別々のレターにして、実地で比較するのです。デザインも同様です。複数のデザイン案が出てきても、決められないのが普通です。そのときも、別々のセールスレターにして、実地でテストします。

あまり数が多くても、テストがわずらわしくなるだけなので、3つか4つに絞りこんで、それぞれのページの購買率を比較します。購買率は、それぞれのページにアクセス解析を入れておき、購入された数÷アクセス数で求めます。一番購買率の高いページが分かったら、そのページに絞りこんでアクセスを集めます。

セールスページへのアクセスの集め方

セールスページは、まずインフォトップなどの情報商材専門のＡＳＰに登録します。登録時には、ＡＳＰの審査があります。それほど厳しい審査ではないので、安心してください。セールスページが誇大広告っぽくなければ、問題ないようです。

ＡＳＰに登録すると、アフィリエイターが紹介を始めてくれます。

アフィリエイターを集めるためには、報酬の割合を高めに設定するといいでしょう。30％〜70％ぐらいの高率であれば、たくさんのアフィリエイターが一生懸命に紹介してくれます。

情報商材は、ほとんど元手がかからないので、このような高率のオファーが可能になります。

同じジャンルのブロガーへのアフィリエイト依頼も有効です。報酬が高率であれば、喜んで引き受けてくれるブロガーも多いと思います。

アフィリエイトだけでなく、ＳＥＯなども重要です。

ＳＥＯとしては、検索してもらいたいキーワードをタイトルに必ず入れ、本文にもちりばめます。

もちろん母艦サイトからのリンクも有効です。同じジャンルの母艦サイトなら、そこから誘導することもアクセス増加の役に立ちます。

すでに作っているブログからのリンクも有効です。

ブログを作っていなければ、改めて同じジャンルのブログを作って、そこで情報提供しながら、リンクにも誘導します。

Facebook や Twitter をやっている人なら、そこからもリンクを貼って誘導します。

SEOは、検索上位に表示されるまでに1ヵ月はかかります。

すぐに売りたいという人は、検索エンジン広告を使う手があります。SEOが成功するまでのつなぎとして使えますし、セールスページの比較テストのために一時的にアクセスを集めるのにも使えます。

検索エンジン広告（PPC広告やリスティング広告とも言う）のノウハウを説明するには、かなりのページ数が必要です。専門の本も出ていますし、Google がネットで無料の情報提供もしています。そちらを参照してくださいね。

見込み客を集める

セールスページを見た人がいますぐ買ってくれるとは限りません。見込み客を集めておく努力もしておきましょう。

見込み客を集めるということについて、すでにヒントは書いています。「無料サンプルに報酬がつく理由」について書きました（62ページ）。その理由とは、リストを取るということでした。リストを取ることが、見込み客を集めるということなのです。

先ほどメルマガのサービスとして、まぐまぐ！を推薦しました。まぐまぐ！は便利ですが、ビジネス的には欠点もあります。それは、読者のメールアドレスが非公開だということです。つまり、リストが取れないのです。

そこで、まぐまぐ！等のメルマガ配信サービスである程度読者を集めた人は、次には自分でメルマガを配信するようになります。まずは、自主配信のメルマガに切り替えてもらうようにお願いするわけです（これにも特典等をつけて誘導します）。

また、母艦サイトやホームページに、メルマガ登録用の小さい窓を作ります。ここに名前とメールアドレスを入力してもらって、新しくリストを取るわけです。

こうやってメルマガ読者を増やしていき、メルマガでの情報提供を続けながら、情報商材を告知していけば、購入する人が出てきます。

無料情報の提供でリストを集められるが……

さらにリストを集めたいのであれば、無料情報を提供するためのページを作ります。セールスページと同じように作りますが、販売ではなく、メールアドレスの取得を目的としたページです。「メールで無料の情報を提供しますので、メールアドレスを入力して、お申し込みください」というオファーをします。このようなページをオプトインページと呼んでいます。

無料情報は、ＰＤＦ形式で無料の情報商材を作っても構いませんし、ステップメールという方法もあります。

ステップメールというのは、コンテンツを数回に分けてメールで配信するというものです。無料の情報商材を作ってPDFにする代わりに、5つか6つぐらいのテキストに分けてしまうのです。

ステップメールを自分で管理するのは大変なので、専門の業者のサービスを利用します。無料のサービスもありますが、広告が表示されるのが普通です。それがいやでしたら、有料のサービスを使いましょう。月数千円からあります（発行部数で価格が決まるものがほとんどのようです）。ステップメールだけでなく、メルマガも配信できるサービスもあります。管理のことを考えると同じサービスのほうがいいと思います。

獲得したメールアドレスには、メルマガを配信します。見込み客を購買客に変えるためには、継続的なアプローチで信頼度を上げることが大事だからです。

役に立つ情報を継続的に提供していれば、口コミで徐々にメルマガ読者（＝リスト）が増えていきます。

もし、一気に増やしたいのであれば、オプトインページをアフィリエイトプログラムとして、ASPに登録するという方法があります（これが、「無料サンプルに報酬がつく理由」でした）。リスト1件の獲得コストが300円から1000円と言われていますので、そのぐらいの報酬を提示すれば、紹介してくれるアフィリエイターがつくと思います。

リスト集めで注意すること

1つだけ注意しておきたいことがあります。無料のオファーでリストを集めること自体は、大手企業でもやっている、ビジネスの正当な手法です。しかしながら、残念なことにオプトインページの手法を使って、かなり強引にリストを集めている人がいます。これは、ネット上でも問題にされています。

こういうことも〝相手想い〟で実行してほしいのです。

あなたにも経験があるかもしれませんが、申し込んだ覚えがないメルマガが次々に送られてくることがあります。これは、オプトインページで集めたリストを販売して儲けている業者がいるからです。

こういうところから送られてくるメルマガに限って、解除のしかたがわかりづらかったり、解除したのにしばらく送られてきたりします。

それでなくても突然メルマガが送られてくるのは不愉快なものです。オプトインページで集めたリストにメルマガを送る場合には、普通以上に神経を使いましょう。また、メルマガは簡単に解除できるようにしておきましょう。

〝相手想い〟を徹底して、不愉快に思う人が1人でも少なくなるように心がけてください。

情報コンテンツビジネスで得られるもの

私自身は、第1部で書いたヤフカテ攻略のノウハウ（98ページ）を、「打率9割のヤフカテ攻略」というタイトルで139ページ（表紙等含む）の情報商材にして、当初は1万4800円で販売しました（その後、特典つきで1万7800円、コンテンツのみで9800円と価格改定しました）。

その結果、私が得たものはたくさんありました。

まず、収入です。1年間で約1000本売れて、現在も毎月売れ続けています。

しかし、収入以外で得たものが大きかったと思っています。

まず、人脈。「打率9割のヤフカテ攻略」を売るために、たくさんの方に推薦文や紹介のお願いをしました。このことで、他の人を紹介してくださる方もいて、私の人脈はどんどん広がっていきました。そうなると、今度は自分の情報商材を紹介してほしいという人も出てきます。もちろん、その方も私の情報商材を紹介してくれます。こうして、お互いに助け合える人脈が広がっていきました。

次に、ネットビジネス界でのブランド。この商材が売れたおかげで、「ヤフカテのMOMOさん」（MOMOは私のニックネームです）と呼ばれるようになりました。ビジネス交流会などに出かけていくと、「打率9割のヤフカテ攻略」を買ってくださった方が少なからずいて、いつの間にかそう呼ばれるようになっていました（いまは「彩塾のMOMOさん」と呼ばれています）。

人脈とブランドができたおかげで、初めてのヤフカテ攻略のセミナーに20人以上の方が集まってくださいました。セミナー講師としては、まったくの初心者なのに、これだけの人が来てくださったことに感激しました。また、参加者の中には、セミナーのために飛行機で地方から来てくれた方や、私のファンだと言ってくださる人まで出てきました。

以上は、現在のコミュニティ活用ビジネスである〝彩塾〟の運営にもつながっている財産です。

人脈もブランドもファンも情報商材で得られたものです。アフィリエイトでは収入は得られても、なんとなくむなしさを感じるようになっていました。それが、情報商材では、精神的な満足や自己実現的な満足が得られるようになりました。

私が情報商材を売って、より安定した収入を得たいということだけを考えていたら、たぶん人脈もブランドもファンも得られなかったでしょう。アフィリエイトだけをやっていたときよりも、さらに〝相手想い〟のレベルが高く、幅が広くなった結果、より多くのものを手にすることができました。

情報コンテンツビジネスでは、アフィリエイト以上に、〝相手想い〟を突き詰めて考えてくださいね。

情報コンテンツビジネスのまとめ

情報コンテンツビジネスの流れを見てきました。盛りだくさんだったので、混乱している人もいるかもしれません。情報商材のネタを考えるところから販売を開始するところまでの流れをチェックリスト（図16）にまとめましたので、振り返りに役立ててください。

図16. 情報商材販売までのチェックリスト

1	□	ネタ出し
2	□	他人に意見をもらう
3	□	競合をリサーチ
4	□	ネタを決める
5	□	同じテーマでブログを始める
6	□	同じテーマでメルマガを始める
7	□	原稿を書く
8	□	原稿をPDFにする
9	□	(動画の場合はDVD撮影・編集)
10	□	モニターを募集
11	□	感想文をもらう
12	□	推薦文を依頼する
13	□	セールスレターを書く
14	□	セールスページをデザインする(外注可)
15	□	セールスページ用のプロフィール写真用意
16	□	サーバー・ドメインの用意
17	□	特定商取引法に基づく表記の作成
18	□	購入者特典を用意する
19	□	HP (セールスページ)をアップする
20	□	ASPに登録する
21	□	アフィリエイト協力を依頼
22	□	セールスページにSEOをかける(リンク)
23	□	ブログやメルマガで告知
24	□	販売開始

第3部

コミュニティ活用ビジネス

～継続的な収入を得るしくみを作る

1つの手法で稼ぎ続けられるのは「5年が限度」

アフィリエイトと情報商材で収入を得る方法を見てきました。

ネットビジネスは、これ以外にもたくさんあります。私もいろいろと経験しました。ヤフオクから入って、アフィリエイト、情報商材と進んだのは、すでに書いたとおりです。「せどり」もやったことがあります。これはブックオフ等の古書店で安く仕入れた本を、アマゾンのマーケットプレイスで高く売るビジネスです。

ネットでの輸入ビジネスやネットショップも手掛けたことがあります。ドロップシッピングもやりました。通常のネットショップは、在庫を持たないといけないのですが、ドロップシッピングは注文が入ったら、メーカーの倉庫から直送されるシステムです。

アドセンスは、Googleが提供するテキストマッチ広告ですが、いまも一部の母艦サイトではやっています。携帯アフィリエイトもやりました。ヤフオクも1000人以上とのお取引き経験があります。

ネットビジネスでは、1つの手法で稼ぎ続けられるのは5年が限度と言われています。私も、いろいろとやってみて、この言葉を実感しました。

たとえば、せどり。一時、ブックオフでバーコードを読み込むだけで、アマゾンでの販売価格が分かるツールが流行りました。あまりにも多くの人が、店頭でバーコードを読み込んでいるので、他のお客様に迷惑だと、ブックオフで禁止になってしまいました。これ以降、せどりは以前ほど流行らなくなりました。

輸入ビジネスやネットショップなどは、仕入れや在庫、発送作業が発生するためネットビジネスではなく、リアルビジネスだと思い知りました。リアルビジネスなので、長く稼ぐことはできると思いますが、そのためにはビジネスとして本格的に取り組む必要があります。アフィリエイトや情報商材と違って、空いている時間を使って稼ぎたい人におすすめできるようなものではありません。

アドセンスは苦労なしに稼げるものとは言えますが、こちらは突然のアカウント削除ということがあり得ます。私は一時期アドセンスで月に数十万円の収入を得ていた時期があったのですが、ある日母艦サイトを見ていたら、広告欄が真っ白になっていたことに気がつきました。慌ててアドセンスの管理サイトにログインしようとしたら、アカウントが削除されていました。理由はまったく分かりません。何らかの規約に触れていたのだとは思いますが、Googleに説明を求めても何も答えてくれません。私だけかと思ったら、ネットビジネス仲間の3割ぐらいが同じ目にあっていたので、これはGoogleによる何らかのみせしめなのだろうといううわさになりました。真偽のほどは分かりませんが、事実として、ある日突然アカウントが削除されることがあるということです。これは大きなリスクです。

スマホも数年後にどうなっているか分からない

携帯アフィリエイトについては、すでに書いたとおりです。いまでは、スマホのアフィリエイトに取って代わられました。スマホでは、携帯アフィリエイトでのスキルだけでは通用しません。では、スマホ・アフィリエイトを勉強すればいいかと言えば、スマホも数年後にはどうなっているか予測できません。スマホ自体がまったく新しくなっているかもしれませんし、スマホ以外のデバイスに取って代わられているかもしれません。

この中でも、アフィリエイト（私がおすすめしてきた方法は、ホームページでのアフィリエイトで、他のアフィリエイトと区別するときには、特に「サイトアフィリエイト」と呼ばれるものです）と情報商材は、比較的流行りすたりや技術の進歩に左右されないものです。なので、おすすめしてきました。

しかし、アフィリエイトも情報商材も、次々とコンテンツを作っていかないと、継続的な収入にはなりません。

せっかく身につけたネットビジネスのスキルです。これを活用しながら、もっと継続的に安定して収入を得られるビジネスがあったらいいとは思いませんか？

それが、コミュニティ活用ビジネスなのです。

コミュニティ活用ビジネスとは？

「コミュニティビジネス」は一般的には地域貢献事業を指しますが、私の言う「コミュニティ活用ビジネス」は、ネットを活用したスクールビジネスの一種です。コミュニティの形態としては、スクール以外にもいろいろあります。たとえば、ボランティア活動のようなものもあるでしょう。

ただ、ボランティアであっても、いろいろと学ぶことがあります。新しく入った会員には勉強してもらうことがたくさんあるでしょう。であれば、どんなコミュニティでも、学びの場（スクール）があって、学びを通じて交流を深め、他の活動に発展させていくという形態が一般的だと言えます。

スクールビジネスですので、リアルビジネスとネットビジネスの両方の要素を備えています。先ほど、ネットビジネスは寿命が短いと書きましたが、リアルビジネスは逆に寿命が長いと言えます。スクールは5年以上続いているものがほとんどではないでしょうか。また、収入も受講生がいる限り安定しています。カリキュラムと教材がきちんとしていれば、成果もはっきりと出ますので、継続するモチベーションが湧いてきます。

リアルに近いという意味では、先ほども書いたように、輸入ビジネスやネットショップなども同様です。ただ、これらは、商品知識や仕入れ、在庫管理などが必要で、実際の店舗経営と変わらないノウハウが求められます。実際、成功しているネットショップは、一方で実際の店舗を持っているのが普通です。アフィリエイトや情報商材で得たスキルだけでは、成功は難しいのです。これに対して、ネット上のスクールビジネスでは、仕入れや在庫管理、校舎は必要ありません。

スクールビジネスは、コンテンツ活用ビジネスでもあるので、アフィリエイトや情報コンテンツビジネスで培ったコンテンツ作成能力がそのまま役に立ちます。

また、スクールビジネスは集客ビジネスでもありますから、これも情報コンテンツビジネスで手に入れた集客スキルがそのまま役に立ちます。

双方向のコミュニケーションが満足度を高める

スクールと聞くと、セミナーを開催して提供するという形態と思うかもしれません。たしかに、セミナーもコミュニティ活用ビジネスの重要な要素の1つです。

ただ、セミナービジネスですと、講師が受講生に教えるという一方通行的なコミュニケーションになります。

コミュニティ活用ビジネスの場合は、会員同士のコミュニケーションが重要になります。講師も同等の立場でコミュニティに加わることで双方向的なコミュニケーションとなり、会員の満足が高まります。教える側・教わる側という立場の違いはありますが、セミナー講師と受講生という関係に比べると、対等な関係と言えます。

また、コミュニティがあると会員同士の交流が生まれてきて、いろいろな活動をしてくれるようになります。自主的な活動なので、皆さん楽しく実施されています。会員同士のランチ会、勉強会、飲み会などがひんぱんに行われ、これらが楽しくて継続している会員もいるほどです。すると、その様子を見た人たちが、自分たちも入りたいということになり、裾野が広がっていきます。

さらによいのは、受講生が育ってくると、サポーターとしてお手伝いをお願いすることもできるということです。事務局的な仕事もありますし、講師をお願いすることもできます。そうなってくると、運営主宰者に他のことをする時間も増えてきます。新しいコミュニティを始めることもできますし、本を書いたり、講演をしたりする時間もできます（コミュニティの主宰者になると、講演や執筆の依頼も来るようになります）。

受講生の中には、自分のコミュニティを持つ人も出てきます。そうなると、そのコミュニティとの交流によって、さらに人脈が広がります。コミュニティ同士のコラボレーションも生まれてきて、ますます発展していくこととなります。

安定収入を得るためには？

コミュニティ活用ビジネスで安定収入を得るためには、条件があります。会員が継続して、そのコミュニティに参加しているということです。

継続して参加してもらうためには、結果を出せばいいのでしょうか？

もちろん、結果が出るようなカリキュラムと教材を用意することは必須の条件です。ただ、全員が全員、成果が出るかと言うと、やっぱりうまくいく人とそうでない人が出てきます。

それが、再現性のない（講師だったからできたという）内容のせいであれば、問題がありますが、本人の意志の弱さや努力の少なさのせいということであれば、それがコミュニティを脱会する理由にはなりません。

一番大切な条件は、そのコミュニティに参加することが楽しいことです。会員同士の交流が楽しいというのも大事ですし、会員１人ひとりが主役になれる場であることも重要です。〝相手想い〟の気持ちで、会員が輝ける場を作ればいいのです。

このようなコミュニティになっていれば、特別なことがない限りは、辞める人は出てきません。

私がコミュニティ活用ビジネスを始めたきっかけ

いまでこそ、アフィリエイト↓情報コンテンツ↓コミュニティ活用ビジネスの3ステップ（31ページ図2参照）で、ビジネスを安定化させましょうと言っていますが、私がコミュニティ活用ビジネスを始めたのは、偶然のきっかけからでした。

プロローグにも書いたように、私は自分がアフィリエイトで稼いでいること自体を、ママ友たちには秘密にしていました。ところが、たまたま隣に引っ越してきた主婦が、育児うつでお子さんを虐待死させるという事件がありました。

私はネットビジネスを知って、やりがいや収入を得て、産後うつから立ち直りました。あの奥さんもそういう世界があることを知っていたら、もしかしたら違う道があったかもしれないと、強く後悔したのです。

それで、ママ友たちにアフィリエイトで稼ぐ方法を、無料で教える決心をしたのです。そして、アフィリエイトでは得られなかった「ありがとう」の言葉をたくさんもらいました。その言葉がうれしくて、熱心に続けていたら、実際に月数十万円以上稼ぐ人たちが出てきました。

そんなとき、あるママ友にこう言われたのです。「自宅でできるネットのビジネスは、子どもが小さい主婦ほど助かるはずだから、ほかのママたちにも教えてあげられるしくみを作ったら、喜ばれると思う」と。その言葉に励まされた私は、2008年に彩塾を立ち上げて、一般の方の募集を始めることにしました。

主旨に賛同してくださる方がたくさんいてくださったおかげで、約1年後には法人化（株式会社アップリンクス）することもできました。2013年2月時点では、彩塾で約280名の方が学んでくださっています。

偶然始めた学びの場でしたが、それまでアフィリエイトと情報商材で得たノウハウと人脈のおかげで、スムーズにビジネス化できたと言えます。

大事なのは原点だと思います。なぜ、ママ友にネットビジネスを教えようと思ったのか。この原点を忘れて、お金儲けに走ってしまえば、彩塾はここまで大きくならなかったでしょうし、今後も続かないでしょう。

けっして、コミュニティ活用ビジネスがお金儲けになるからと思って始めたわけではないのです。偶然始めたことを発展させることを考えたら、コミュニティ活用ビジネスという形態に行きついたというわけです。

アフィリエイトや情報商材以上に強い〝相手想い〟がないと、コミュニティ活用ビジネスでの成功は難しいのではないでしょうか。

自分で運営する前にやっておくこと

自分が運営を始める前に、他のコミュニティに参加し、コミュニティの雰囲気を味わっておくのもよいでしょう。

興味が持てるネット上のスクールやコミュニティに参加してみることをおすすめします。私が、アフィリエイトを勉強するために入った通信講座もネットスクールの一種です。

カリキュラムやサポートのやり方を、実際に体験しながら学びます。学ぶ側の視点だけでなく、運営側の視点でも見ていくことが重要です。

実際にコミュニティに参加すると、いろいろな気づきがあります。もちろんよい点も見つかるでしょう。そういうことがあれば、メモをしておいて、自分がコミュニティを作るときの参考にします。

参考になるのはよい点だけではありません。不満点も重要です。「自分が主宰者ならこうしたい」、「ここをこうするともっと満足感が高まるのに……」ということもメモしておきましょう。

ネットスクールに入るメリットは、他にもあります。成功しているネットスクールは、運営者のサポートもしっかりしています。そのため運営者と親しくなれる機会も多いのです。親しくなれば、自分でコミュニティ活用ビジネスを立ち上げる際に、紹介や応援をしてもらえます。

ネットスクールで成功している人たちは、受講生がコミュニティを作ることが自分のメリットにもなるということをよく知っていますので、快く応援してくれるはずです。

成功している人のスクールは受講料も高いのですが、その受講料を補って余りあるメリットがあるので、アフィリエイトや情報商材で稼いでいるのであれば、自己投資と思って検討してみてください。

なお、受講料の高いスクールやセミナーには、ビジネスマインドが高く、優良な人脈を持った人が集まりますので、仲間作りという点でもおすすめです。

ニーズを探る

偶然から始まったコミュニティ活用ビジネスでしたが、自分が通ってきた道筋と、本やセミナーなどで勉強したことから、いまでは立ち上げの手順を体系的に説明することができるようになりました。その手順を、これから説明していきます。

私の場合は、たまたま家にいながら収入を得たいというママ友たちのニーズが見えていましたが、通常はニーズの調査から始めます。

ここで役に立つのが、情報コンテンツビジネスで集めたリストです。

情報商材の購入者やメルマガの読者に、困っていることやわかりにくいところはないかを、メールでヒアリングするのです。

集めた意見から、ニーズのありそうなテーマを探り出し、勉強会などの企画を立てます。

最初は勉強会やランチ会から

ニーズが見えてきたら、次は勉強会を企画します。いきなりたくさん集める必要はありません。最初は少人数で始めます。3、4人でいいでしょう。勉強会と言っても、教える練習をするというよりは、参加者の生の声を聞くことが目的です。生の声から、ニーズを掘り下げたり、方向性に検討を加えたりしていきます。

勉強会のテーマは、趣味の話でもOKです。カフェやレストランでのランチ会やお茶会でも構いません。

楽しく、情報交換ができる場にしましょう。継続することが大事です。

継続していくうちに、友達の輪が広がり、初期メンバーが集まってきます。熱心な人がいたら、共同で始められないかも考えてみましょう。

実際、私も彩塾を始めるときは、勉強会で一緒に学んでいた仲間と共同で立ち上げました。彼には、私の苦手な分野（たとえば、高機能なサーバーを選択したり、SNSソフトをサーバーにインストールしたり、といったこと）を任せ、私はカリキュラム作りと集客を主に担当しました。

肩書きとプロフィールを作る

勉強会でニーズが見えてきたら、自分に「○○の専門家」という肩書きをつけます。どんな肩書きがいいかも、勉強会のメンバーに聞くといいでしょう。自分でも気づかなかった特技や専門性が見えてくるかもしれません。

肩書きができたら、自分のプロフィールを作ってみます。その肩書きに合うプロフィールを作るのです。

プロフィールを作るのは、なかなか難しい作業です。すでにコミュニティを持っているような人のプロフィールをネット上で探して、参考にして作りましょう。作ったら、勉強会のメンバーにフィードバックをもらいます。書いてあることの意味が分かるか、信頼できそうか、大げさでないか、加えたほうがいいことがないかなどを教えてもらいます。

それでも、しっくりくるプロフィールや人に響くようなプロフィールでないようなら、プロフィール作りの情報商材やセミナーもありますので、購入や参加を考えてみてもいいでしょう。プロフィールが明確になると、それに添って行動しようというモチベーションが生まれます。人柄が変わってくることさえあります。それほどプロフィールは重要です。お金を払っても作る価値はあると思います。

情報商材で作ったプロフィール写真も、新しく作ったプロフィールに合っているかをチェックしましょう。情報商材ではカジュアルな格好でよかったかもしれませんが、新しいプロフィールだとスーツ姿のほうがいいかもしれません。プロフィール写真もプロフィールに合わせることが、信頼感を得ることにつながります（図17）。

セミナーを開催する

コミュニティ活用ビジネスでは、自分が講師を務めることも必要になってきます。そこで、肩書きが決まった段階で、自主開催のセミナーを始めることをおすすめします。

図17. プロフィールと写真を合わせる

「打率9割のヤフカテ攻略」の
プロフィール写真

「彩塾塾長」としての
プロフィール写真

「セミナー講師なんて、私には無理」と思った人もいるかもしれません。でも、心配はいりません。私のまわりには、たくさんのセミナー講師がいます。その大半が、自分がセミナー講師をやるとは思ってもみなかったという人なのです。セミナー会社でインストラクターを務めてから、独立して講師になる人もいますが、少数派です。

資格を取って士業を始めた人や、独立してコンサルタントやコーチになった人が、集客のためにセミナーを始めたという例が実は多いのです。

そういう人の中には、講師経験がまったくなかったという人も多数います。私もそうでした。

1対1で話すのならともかく、大勢の前で話すことはどちらかと言うと苦手で、まさか自分が人前で話す仕事もするようになるとは夢にも思っていませんでした。

情報商材の購入者を対象に行った初めてのセミナーは、20人ほどが集まり、彼らを前にして頭が真っ白になってしまったことを覚えています。ですが、その後、情報商材のセミナーを数回行い、彩塾を立ち上げてからは、何度も講師を経験することになり、だんだん苦手意識もなくなってきました。

講師としての能力を身につけるにも、最初は真似からです。ビジネスセミナーのＤＶＤを手に入れて（TSUTAYAなどでレンタルもできるようです）見てみましょう。販売されているＤＶＤは、模範的なセミナーのものなので、講師も高い能力を持っています。なので、それを見て落ち込む必要はありません。それよりも、セミナーの構成や話し方などを参考にしましょう。

「セミナーの作り方や教え方」を教えるセミナーもありますので、そういうものを参考にしてもいいでしょう。

その後、実際にセミナーに参加してみましょう。ＤＶＤの講師よりは、教えるスキルが低い講師も多いので安心すると思います。もし、教えるスキルが低いと思ったら、どうしてそう思うのかをメモしておきましょう。

セミナーのやり方が分かってきたら、日程を決めて、会場を押さえてしまいます。会場は公共の施設などの安いところで構いません。これは、多くのセミナー初心者が取る方法です。締め切りが決まってしまえば、やらざるを得ませんし、レジュメを作成するためのアウトプット作業を通じて伝えたいことも明確になってきます。

最初は10人程度の少人数で、無料または低料金で始めます。勉強会のメンバーを誘うのはもちろん、メルマガ、ブログ、ソーシャルメディアなどからも募集します。情報商材の販売で協力をお願いした人にも声をかけましょう。情報コンテンツビジネスで努力してきた人なら、10人程度ならすぐに集まるはずです。

セミナーには、アンケートをつけて、遠慮のない意見を書いてもらいましょう。ビデオを撮っておく（最低でも音声を録音する）ことも忘れないでください。自分のセミナービデオを見るのはいやなものですが、上達には欠かせません。

上手に話すことは必要ありません。分かりやすく話すことを心がけましょう。また、最初は難しいですが、参加者とできるだけ目を合わせるようにしましょう。これだけでも、かなり印象が変わるはずです。

大事なのは、ここでも〝相手想い〟です。初めて聞くことには、消化するまでの時間が必要です。そのためには、少し間を取ってあげることも必要でしょう。レジュメのページをめくるときにも、その都度知らせてあげないとついてこられなくなるかもしれません。大きな区切りでは、振り返りを入れると記憶が定着します。

こういうことを、参加者のフィードバックを受けたり、自分のセミナーのビデオを見たりしながら、徐々に身につけましょう。最終的には、場数が一番ものを言います。ですが、1回1回を有意義なものにするほうが、当然早く上達します。

できるだけ競争相手のいない世界で専門家になる

自主開催セミナーで経験を積むのと並行して、ブログやソーシャルメディア（Twitter や Facebook など）での情報発信を始めます。

内容は、肩書きやプロフィールにふさわしい内容を心がけましょう。〝相手想い〟の情報発信であることは言うまでもありませんね。

1回のコンテンツは短いもので構いません。そのかわり頻度を増やしましょう。ブログなら1日1回、Twitter や Facebook であれば、1日数回が基本です。頻度が増えるほど、親しみが増し、信頼感が生まれます。

Twitter のフォロワーや Facebook の友達は多いほうがいいです。そのためには、自分からフォローしたり、友達申請をしたりするのが基本です。ただ、お金儲け目当てで申請する人があとを絶たないので、1日に申請できる人の上限が決まっています（それを超えるとアカウントを削除されることもありますので注意してください）。また、Facebookなどは基本的には知り合いとつながるためのSNSですので、まずはリアルなお付き合いから友達を増やしていきます。

勉強会やセミナーを開催したら、その様子を写真付きでブログやソーシャルメディアに掲載します。続けていけば、「○○のプロ」、「○○の専門家」というあなたの肩書きが、少しずつ認知されていきます。

すると、ブログやソーシャルメディア経由で取材の依頼が入ることもあります。情報コンテンツのときに、競争相手の少ないマニアックなことを書きましょうと提案しました。コミュニティ活用ビジネスでの肩書きも同じです。

競争相手の多い世界では、なかなかメディアも取り上げてくれませんが、たとえば、「主婦の起業をネットスキル向上から支援している、元主婦の女性経営者」（私のことですね）であれば、メディアも興味を持ってくれます。他にあまり存在しないからです。できるだけ競争相手のいない世界での専門家になりましょう。

また、ソーシャルメディア経由で自分の専門的なことについて相談されて、それが商談につながることもあります。すると、また強力な人脈が増えていくことになります。

コミュニティ活用ビジネスでは、参加してくれるファンと応援してくれる人脈の2つが、絶対に欠かせません。

ファンについては当然ですよね。人脈のほうは説明が必要かもしれません。

たとえばコミュニティのホームページ1つをとっても、アフィリエイトサイトや情報商材のページ以上にデザインの優れたものが必要となります。個人でやっている分には、多少素人っぽいものでも、内容がよければ信頼されます。しかし、〝団体〟のホームページということであれば、素人っぽいと信頼度が下がってしまうので、専門のデザイナーにお願いしたほうがいい場合もあります。チラシなどもそうです。デザインだけでなく、印刷もきちんとしたものがいいわけです。活動紹介のための動画やセミナーのＤＶＤ制作など、専門家の力が必要になることが多数あります。

女性でしたら、ファッションやメイクのアドバイスをしてくれる人も必要になるかもしれません。男性でも、ファッションコーディネートの専門家に相談している人はたくさんいます。

大企業であれば、信頼できる取引先はいくらでもあります。でも、私たちのように個人経営やそれに近い場合には、信頼できるかどうかの基準は、結局誰の紹介かとか、実際にお付き合いがあるかとかだけなのです。

もちろん知り合いだから安くやってくださるということもあるでしょう。しかし、大切なのはコストよりも信頼です。

値段だけで選んで、質の悪いものを提供されたり、最悪の場合では仕事の途中で逃げられたりなどという話をよく聞きます。

多種多様な人脈があれば、このようなことを避けることができます。

私自身、彩塾の塾生さんの中で動画作成が得意な方がいて、その方の好意で無料でプロモーション動画を作ってもらったり、ファッションアドバイスを仕事にしている方にお店に同行して、セミナー用の洋服を選んでもらったりしています。

まずはネットに場を用意する

いままでお話ししてきたようなことを一生懸命に続けていけば、コミュニティの会員候補のリストも協力者の人脈も十分増えてきます。勉強会やセミナー開催のノウハウも身についているはずです。

この間も、アフィリエイトや情報コンテンツでの収入を確保しながら進めてください。特に情報コンテンツビジネスでの活動は、コミュニティ活用ビジネスに必要なファン作りと人脈作りにも直接役に立ちます。アフィリエイトで作った母艦サイトも、さらに育てていきましょう。

ある程度目途がついたら、ネット上にコミュニティサイトを作ります。これは、参加者同士がコミュニケーションを取れるような場所です。

無料で手軽なものとしては、Facebookのグループページがあります。グループとは特定の人だけを集めて作る集まりのことです。グループは誰にでも作れます。また、グループの管理者と友達でなくても参加することができます。

Facebookのグループは、公開（グループの存在、メンバー、投稿をすべて公開）、非公開（グループの存在とメンバーは公開するが、投稿は非公開）、秘密（メンバー以外にはすべて非公開）の3種類があります。コミュニティサイトとして使うのであれば、非公開がいいでしょう。存在とメンバーの数をアピールすることでPRにもなります。

無料で提供されているSNSエンジンもあります。自分のドメインでSNSを作成できるというソフトで、mixi に似たサイトを作れる OpenPNE が有名です。Movable Type や WordPress などのＣＭＳと同様、自分でインストールします。ＣＭＳよりも設定が難しいところもあり、私は友人に OpenPNE をインストールしてもらいました。ＩＴ関連で分からないことがあっても、人脈が助けてくれます。

作るほうも参加するほうも手軽だということであれば、Facebook のグループ機能がおすすめです。人を集めるにも、Facebook のほうが強力です。

しかし、コンテンツの蓄積と会員へのサポートを重視するのであれば、OpenPNE などで独自のＳＮＳを立ち上げるほうがいいと思います。

OpenPNE には、日記など自己開示のための機能がありますし、直接メッセージをやり取りする機能もあるので、親密な交流が可能となります。同じような機能は Facebook にもありますが、独自ＳＮＳのほうが閉鎖性が高い分、親密度も高まります。OpenPNE には、管理者から全員にメッセージを送る機能もあるので、連絡用にも使えます。

Facebook にない機能としては、予定表や掲示板があります。掲示板は、特定のテーマごとに話し合いができる部屋のようなものだと思ってください。こちらで、オープンな質疑応答をすることで会員へのサポートになります。また、過去の記事はすべてたまっていき、検索して閲覧もできますので、続けていくうちにSNSがコンテンツの宝庫になっていきます。

コミュニティ活用ビジネスを開始したときも、基本的にはSNSがリアルなスクールの代わりとして〝会場〟となります。

リアルな場も用意する

SNSを〝会場〟としたスクールの開設が、ひとまずの到達点ですが、それだけでは人は集まらないものです。コミュニティですので、やっぱりリアルな接点が必要となってきます。

会員の募集はネットで行いますが、実際に会ったことがない人のスクールに入学するのは抵抗がある人も多いでしょう。

そこで、募集ページには、動画を用意するコミュニティ主宰者も多いようです。昔は、動画の配信は難しく、お金もかかりましたが、いまではYouTubeなどを使えば、無料で簡単に配信できます。

これだけでも、かなり信頼度が増しますが、やっぱり実物が見たいという人もいるでしょう。

そこで、募集ページには、入学の申し込みボタンだけでなく、無料説明会の案内へのリンクも用意します。

なお、コミュニティの募集ページは、情報商材のセールスページと同じような考え方で作ります。ただし、デザインなどは信頼度を高めるためにも、専門家にお願いすることをおすすめします。

入学後も、リアルな接点を用意します。たとえば、対面でのコンサルティングやコーチの場を用意するなどです。会期中に、少人数の勉強会や、数回のミニセミナーを行うのもよいでしょう。

地域密着型であれば、それだけでもよいのですが、全国展開すると遠方の方もいます。そういう人のためには、Skype（ネット上の無料電話。パソコンでもスマホでもiPadのようなタブレット端末でも利用できる）での面談も用意しておきましょう。セミナーであれば、USTREAM（ネット上の動画中継サービス。動画を再生することもできる）などを使って、その模様を中継するという方法があります。

その他、懇親会などのイベントを企画して、リアルに集まる場を提供します。

会員用のSNSが軌道に乗れば、会員同士でイベントを企画して集まるようになります。主宰者が一方的にイベントを開催するよりも、会員が自主的に集まる場のほうが満足度が高いものです。

そのようになるように盛り上げていきましょう。

いきなり会員同士で集まりましょうと呼びかけてもハードルが高いものなので、最初のうちは主宰者のイベントのスタッフを募集しましょう。まずはスタッフを育てて、その人たちが自主的にイベントを開催するようにしていくのです。そのうちに、自主的なイベントがメインになっていきます。こうなれば、コミュニティが軌道に乗ったと言えます。

スクールを運営する方法は?

スクール自体は、どのようなものになるのでしょうか?

まず、会期を設けます。3ヵ月から6ヵ月ぐらいが一般的です。

会費は、その会期の分をまとめていただきます。〝相手想い〟でいくつかの支払方法を用意すると、入会しやすくなります。銀行振込だけでなく、クレジットカード払いや分割払いにも対応しましょう。

テキストは、PDFで配布します。これは情報商材以上に充実したものを作ってください。満足度がまったく違ってきます。会期が終わっても、継続してコミュニティに参加してほしいわけですから、満足度の高い低いは重要なことです。ノウハウは、出し惜しみしないでください。教える内容によっては、音声テキストや動画テキストなども併用するといいですね。

ただし、入学と同時に全部送りつけるのは避けたほうがいいでしょう。彩塾のテキスト教材は、1000ページを軽く超えます。印刷すると、5センチのバインダー3冊がいっぱいになる量です。当初は一度に送っていたのですが、量に気圧《けお》されて脱落する人がかなりいました。もらっただけで満足して、まったく手をつけず、成果が出ない人もいました。そこで、2週間ごとに小出しにするようにしたところ、成果を出す人が増えたのです。こういうことも実際にやってみないと分からないことですね。

会期中は、メールまたはSNSでの質問無制限の特典をつけます。どちらがいいかと言えばSNSです。メールでは個別になるので、同じような質問がいろいろな人から来る可能性があります。SNSならば、先にSNS内の過去ログを調べてから質問してくださいというお願いができるので、問い合わせの総数がかなり減ります。そのうえ、質疑応答がノウハウとして蓄積されていくので、一挙両得となります。長く続けていると、主宰者に代わって質問に答えてくれる人も出てきますし、このこと自体が参加者の絆を深めることにもなります。

少人数の勉強会も、よくある特典です。

以上は、特典という言い方をしていますが、もともとスクールとしては必要なことです。ただ、中には利用しない人もいるので、特典という呼び方をしています。

その他、一般的な特典としては、個別コンサルティングや、主宰者が有料で公開しているセミナーやＤＶＤの会員価格での販売があります。

会期が終わっても、引き続きコミュニティを活用してもらうために、月額あるいは年額課金でＳＮＳを継続して利用できるようにします。

会費の徴収は、銀行の自動引き落としなど、自動的なものがいいでしょう。自分で振り込むのは面倒なので、忘れてしまう人や、それをきっかけに辞めてしまう人も出てきます。

銀行の自動引き落とし以外では、ＡＳＰによるクレジット払いという方法もあります。インフォトップなどに、コミュニティそのものをアフィリエイトプログラムとして登録することで可能となります。

私の取り組み　～女性のためのネット塾　彩塾～

コミュニティ活用ビジネスの一例として、私が主宰する彩塾の取り組みをご紹介します。

彩塾は、ママ友に無料でアフィリエイトを教える勉強会から始まりました。これは、すでにご紹介したとおりです。

半年ぐらい続けて、評判がよかったのと、実際に成果を出す人が出てきたので、2008年に、有料で教えるビジネスにしました。

私はコミュニティ活用ビジネスのことはほとんど知りませんでしたし、当時は参考になる本もほとんどありませんでした。そこで、私がアフィリエイトを学んだ通信講座の講師をはじめとする、コミュニティ活用ビジネスをすでに軌道に乗せている人たちに相談し、応援も仰ぎました。このときには、情報コンテンツビジネスをはじめとするネットビジネスで作り上げた人脈に本当に助けていただきました。

たとえば、1期から4期まで副塾長としてサポートしてもらっていたのは、一緒に通信講座で学んだ仲間、富岡保彦さんです。5期以降、副塾長を務めてくれているコヤスさんも、通信講座での同期でした。他にも、通信講座での仲間数人が、サポーターとして運営を手伝ってくれています。

彼らがサポートしてくれたおかげで、SNSの立ち上げ、テキストの執筆、セミナー開催、受講生からの質問への対応など、スムーズにできたのです。私1人では、このような塾を運営することはできなかったでしょう。

こうして1年ぐらいで彩塾が軌道に乗り始めました。9割ぐらいの方が継続してコミュニティの会員になってくれましたので、安定した収入が見込めるようになりました。その分、会員のサポートをきちんとしなければいけません。スタッフを雇う必要性も出てきました。そのためには、いままで以上の社会的な信用が必要です。

そこで、2009年5月に、女性の起業を支援するための会社として、株式会社アップリンクスを設立しました。

会社の設立には、理念や使命が必要です。私は、自分の使命として「○○ちゃんのママ、○○さんの奥さんだけじゃなく、主婦が自分自身のために輝ける社会を作る」ということを掲げました。その支援をする起業塾として彩塾を位置付けました。

そして、私の理念や使命を世の中に伝えるために、アメブロ上に彩塾のブログを開設しました(http://ameblo.jp/up-links/)。

理念や使命の表明だけではなく、勉強会やセミナーの様子もこのブログに載せていきました。すると、これを見たテレビや新聞などのメディアの方から取材の申し込みなどを受けるようになり、それが彩塾のＰＲにもつながっていきました。

２０１３年２月現在で、第５期の参加者が学んでくださっています。第１期から継続的に学んでくださっている方を含めると約２８０名の会員がいる大所帯となりました。

主婦だけではなく、ネットビジネスを副業にしたいサラリーマンなどの男性も入ってくださるようになりました。地域活性化や社会貢献のためにネットビジネスのやり方を知りたいという志の高い方も参加されるようになりました。

塾生からサポートする側にまわった方も数名います。皆さん、「人に教えることで、自分もたくさんのことを学べた」と言ってくれています。

コミュニティが大きくなるにつれ、ますます責任を感じるとともに、やりがいも増しています。

続けていると、コミュニティを始めて本当によかったという瞬間がやってきます。

私にとっては、２０１１年の東日本大震災の直後に、その瞬間がやってきました。

震災そのものは痛ましい災害であり、被災者の心中を思うと、いまでもつらい気持ちでいっぱいになります。

私がうれしかったのは、塾生が自主的に被災地支援のイベントを企画し、開催したことでした。

「えがお充電まつり」と名付けられた、そのイベントは、塾生である主婦たちが、自分たちの特技を持ち寄った手作りのイベントでした。

都内にイベント会場を借り、タロット占い、アロマセラピー、靴磨き、フラワーアレンジメントなどのブースを作って、主婦をターゲットに集客し、その収益の一部を被災地に寄付しました。

彼女たちは、彩塾で学んでいたので、ホームページが作れます。ブログやソーシャルメディアを活用した集客のやり方も知っています。その強みを活かせたから成功したイベントと言えましょう。

会員同士が自主的に動き出す

塾長である私は、一切ノータッチ。本当に塾生10人が自主的に、自分たちだけでやり遂げたのでした。

えがお充電まつりを見ていて感じたことがあります。それは、人が助け合うときは、1＋1＝2でなく、みんなが持っている力の掛け算になるということでした。

終わったときには、企画した全員が「またやりたいね！」と言っていたのが、印象的でした。

私自身、長年テニススクールに通っていますが、正直に言うとテニスへの情熱は昔ほどではありません。テニスが楽しいのではなく、テニススクールという「コミュニティ」に友達がいるのが楽しいのです。

彩塾もそういうコミュニティになったんだなあと、しみじみ思いました。

もう1つエピソードをご紹介しましょう。彩塾は、学ぶ場であると同時に、集い、楽しむ場も提供したいと思い、お茶会や飲み会、泊まりがけの合宿なども企画しました。

そんな中で、昨年（2012年）、彩塾のサポーターとして手伝ってくれている男性と、塾生の女性が結婚したんです。彩塾が、彼らの出会いの場となり、多くの人たちが彼らの結婚を祝いました。コミュニティ主宰者として、これはうれしいできごとでした。

このようにメンバー同士が集まって輝ける場を用意するのが、コミュニティ主宰者の一番の役割だと思います。

コミュニティ主宰者の大きな役割が、もう1つあります。それは、自分が主宰するコミュニティ内で、自分もコミュニティを立ち上げたいという人を、全力で応援することです。

彩塾のOGにも、「50代の女性が美や健康について学ぶ会員制サークル」や「手相鑑定をコミュニケーションツールとして学ぶ社団法人」などを立ち上げた人がいます。私も惜しみなくアドバイスするとともに、信頼できる業者を紹介し、ホームページの制作などの技術的な支援もしました。推薦文を依頼されれば、もちろん書きました。

自分が主宰するコミュニティから、新たなコミュニティが生まれると、一気に人脈が広がります。また、コミュニティ同士のコラボレーションも生まれてきます。両方のコミュニティのパワーが飛躍的に高まるのです。メンバー同士のコラボレーションと同じで、こちらも足し算ではなく、掛け算になります。

コミュニティの輪がどんどん広がることで、社会に対してより大きな貢献ができるようになると、私は思っています。

主婦を「先生」にするビジネス

コミュニティ活用ビジネスの先には何があるのでしょうか。

アフィリエイトから始まった私のビジネスは、最初はネットで1人で取り組んだものでした。それが、情報コンテンツビジネスで、ネット上のブランドと人脈ができました。コミュニティ活用ビジネスでは、仲間たちに囲まれる毎日となりました。

私のビジネスは、どんどんリアル寄りになり、ますます仲間が増えるという方向に発展しているようです。

私が次にやろうと考えているビジネスは、講師を養成するビジネスです。講師を認定する〝公的〟な団体を作り、そのお墨付きのついた認定講師を養成します。

講師が講座を開く場合には、団体が用意したテキストを使ってもらい、そのテキスト代などを収入源にします。また一定のロイヤリティを納めてもらいます。

その代わり、認定講師の講座の集客支援はもちろん、講師のブランディングの支援をしていきます。

このような「器」作りの参考として最適な本が、「一気に業界No．1になる！『新家元制度』顧客獲得の仕組み」（前田 出著　ダイヤモンド社）です。

彩塾は主婦の起業を支援するビジネスですが、新家元制度は主婦の「先生」化を支援するビジネスです。どちらも主婦が自分自身で輝けるようにするという私の使命に沿ったものです。

講師を養成することで、彩塾のようなコミュニティを地方にも作ることができます。そうすることで地域の活性化などのお手伝いもできると思っています。

使命がブレない限り、今後も様々なチャレンジが可能でしょう。そして、その都度助けてくださる方も現れるでしょう。

インターネットの活用は手段に過ぎません。１人でも多くの方が、自分の理念や使命、あるいは夢をかなえる手段としてネットを活用し、自分自身を輝かせるきっかけになれば、この本を書いた甲斐があります。

そのベースに〝相手想い〟があることを、けっして忘れないでくださいね。

コミュニティ活用ビジネスのまとめ

コミュニティ活用ビジネスの流れを、情報コンテンツビジネスと同じく、チェックリストにまとめました（図18）。こちらも振り返りにお役立てくださいね。

図18. コミュニティ活用ビジネス軌道化までのチェックリスト

1	□	何らかのコミュニティに参加して、コンテンツや運営方法について学ぶ
2	□	情報商材の購買者へのアンケートなどでニーズを探る
3	□	少人数の勉強会やランチ会などで生の声を聞く
4	□	肩書きとプロフィールを作る
5	□	セミナーを自主開催する
6	□	肩書きに合わせたブログやソーシャルメディアを始める
7	□	ブログやソーシャルメディアを通じて、ファンや応援者を増やす
8	□	コミュニティの受け皿として、ネット上のSNSを立ち上げる
9	□	スクールの募集ページを作成する
10	□	特典を準備する
11	□	集客を開始する
12	□	SNS上で教材配布や質疑応答を行う
13	□	会期が終了したら、SNSの継続利用に誘導
14	□	会員同士が、自主的にイベント等を開催することを奨励する
15	□	会員内から自分のコミュニティを立ち上げたい人が出てきたら支援する

おわりに

ゆっくり進むのが、長続きの秘訣

私が、主婦をしながらインターネットを活用して、収入を得た方法を包み隠さず、ご紹介させていただきました。

「なんだ、けっこうやることが多くって面倒だなあ」と思われた方もいるかもしれません。

私自身、ネットの通信講座で初めてアフィリエイトについて学んだときに、「なんて地道な作業が多いんだろう」と思いましたから。


いま、自分が運営している彩塾のキャッチフレーズとして、「主婦の起業は、かたつむりで！」とブログや名刺などに書かせていただいているのですが、この「かたつむり」は、主婦＝家を背負っている＝かたつむり、というイメージと、マイペースでゆっくり進みましょう、というメッセージの他に、別の意味があるんです。

か＝かんたん
た＝楽しく
つ＝続けられ
む＝無理なく
り＝リスクなく

自分が好きなことで起業し、楽しく続けられているのは、右記の理念に沿ったことしかやらないからなのですが、中でも重要なのが、最後の「リスクなく」です。

昔は、起業や副業と言うと、フランチャイズで初期投資が何百万円もかかったり、ネットワークビジネスで商品の在庫を持ったり、とリスクがつきものでした。

でも、私自身、彩塾を始めて300名近い受講生を集めるのに、1円の広告費も使っていないのです。インターネットを活用して、自分のブログやソーシャルメディア、検索エンジンを味方に付け、必要な人に私たちのサービスがちゃんと届くようにしくみを作ったからです。リスクなく起業することは、このインターネット時代、とても簡単になっています。

でも、そのために欠かせないのが、コンテンツ力とそれを伝える力、そしてインターネットで集客するスキルです。それらを「普通の人」が身につけるために、アフィリエイトや情報商材は、とてもいい練習台になります。だから、これから起業してみたい、副業で収入を得てみたいと思っている方には、遠回りと感じるかもしれませんが、これらのネットスキルを身につけておくと、リスクのない起業ができると思っています。

インターネットは目的ではなく手段

私自身、起業しようと思ってアフィリエイトを始めたわけではありませんでしたが、ネットスキルを身につけたおかげで、アフィリエイト収入を得ることができ、それがきっかけで塾を運営するまでになり、主婦のお小遣い稼ぎと言うにははばかられる金額を手にすることになりました。

そこでつくづく感じたことは、インターネットを使うことは目的ではなく、何かを得るための手段でしかない、ということです。

たとえば、彩塾であれば、「一度家庭に入った女性でも、好きなことで起業し輝いてほしい。そのための武器としてインターネットスキルを身につけてほしい」という私の想いを実現させるために、ネットで集客し、ネットでコミュニケーションを取り、ネットを使い自宅で学んでもらっているのです。

もし私が、20年前に子どもを生み、子育てしながら収入を得ようと思ったら、こんなに簡単にはいかなかったでしょう。情報を入手するだけでも大変だったと思います。

でもいまは、パソコンを開き、検索ワードを入れるだけで瞬時に欲しい情報が手に入る時代です。

これは便利なようですが、両刃《もろは》の剣《つるぎ》でもあります。

自分がビジネスを始めたとき、たとえば情報商材を出した、スクールビジネスを始めた、といったときに、買った人、受講した人の感想や口コミもあっという間にネット上に流れます。いいものを出していなければ、あるいは対応が悪かったりしたら、悪い評判がネット上に書き込まれ、それを検索した人がまた目にするのです。

自分だけの利益を追い求めないで

ソーシャルメディア時代は、いいものは広がるし、よくないものは淘汰《とうた》されます。とても透明な時代になっています。

だからこそ、ネットがどんどんリアルの世界に近くなっています。信頼できる人の口コミは信《しん》憑性《ぴょうせい》があるし、何か聞きたいことがあれば、ソーシャルメディアで質問すれば、ぽんと答えが返ってくる。リアルの世界で、押し売り営業が嫌われるように、ネットの世界でも、自分の利益だけを目的に、押し付けてくるものは相手にされなくなってきているのです。

インターネットを使うと言っても、パソコンやスマホの向こう側にいるのは生身の人間。インターネット集客のコツは、〝相手想い〟であること。相手が喜ぶ、うれしくなることを提供していくことが、まわりまわって自分のビジネスをうまくいかせるコツだと私は思います。

ぜひ〝相手想い〟の気持ちを忘れずに、インターネットスキルという武器を身につけ、継続的な収入を得てくださいね。

そして、あなたの大切な人を笑顔にしてあげてください。

最後になりますが、初めての本を書くにあたり、親身にアドバイスをくれた（著者としては先輩になる）夫の山口拓朗と、執筆中、応援し続けてくれた娘の桃果に感謝いたします。

いつも私のわがままに何も言わずに応えてくれる、アップリンクスのスタッフ・佐伯和美さんにも感謝しています。彼女が会社の事務作業をしてくれなかったら、業務がすぐに止まってしまいます。本当にいつもありがとう。

また、彩塾で学んでいる塾生の皆さん、いつも支えてくれている彩塾サポーターの皆さんにも、感謝を伝えたいと思います。

私がネットビジネスを始めるきっかけとなった通信講座「石田塾」を主宰してくださった石田健さんにも感謝を述べたいと思います。石田さんが石田塾を開いていなければ、間違いなくいまの自分はいなかったと思っています。

そして、編集者として支えてくださったフォレスト出版の元永知宏さん、編集協力してくださった森川滋之さん、素敵なイラストを描いてくださったイラストレーターのふせゆみさんにも感謝申し上げます。

そしてそして、この本を手にしてくださったあなたへ。

この本が少しでもあなたのネットスキル向上に役立ち、何かを始めようというモチベーションの原動力になれば、著者としてこれほどうれしいことはありません。

最後までお読みいただき、ありがとうございました。

山口 朋子

著者プロフィール

山口朋子（やまぐちともこ）

1968年、北海道札幌市生まれ。立教大学社会学部卒業。

株式会社アップリンクス 代表取締役。女性のためのネットスキルアップ塾「彩塾」代表。品川区立武蔵小山創業支援センター ネット集客アドバイザー。

大学卒業後、株式会社リクルートにてコンサルティング営業を学んだのち、ハウスメーカーに転職。二級建築士、インテリアコーディネーターの資格を取得し、住宅の設計に携わる。

長女の出産を機に専業主婦になるが、社会との断絶を感じ、産後うつになる。「○○ちゃんのママ、○○さんの奥さん、としての人生だけではイヤ！」「もっと社会とつながりたい！」という願いを叶えてくれたのが、自宅で気軽にできるインターネットだった。

独学でホームページ制作を学び、2002年からインターネットを活用したビジネスを本格的に始める。独自のノウハウをまとめた情報商材『打率９割のヤフカテ攻略』をリリース後、1年で1,000本以上を売り上げた。

月収100万円を稼ぐ主婦アフィリエイターとして、またネット活用で起業した主婦として、雑誌、書籍、新聞などに取り上げられるほか、経済ニュース番組『ワールドビジネスサテライト』（テレビ東京）、「InsideOut」（BS11）等にも出演。

2008年より、起業したい主婦の IT スキル向上を目的に、ネット集客について学ぶ「彩塾」を主宰。「主婦でもインターネットを活用することで、好きなことで起業できる」という信念のもと、ビジネスで自己実現を目指す女性に、インターネットを使って好きな分野で起業し、集客するためのノウハウを伝えている。

女性の起業やネット活用をテーマにした講演活動も展開。「主婦や女性の能力を最大限に活かせる社会作り」に尽力している。

女性のためのネットスキルアップ塾「彩塾」　http://www.saijuku.net/info/

山口朋子公式サイト　http://yamaguchi-tomoko.com

ブログ「主婦の起業はかたつむりで!」　http://ameblo.jp/up-links/

株式会社アップリンクス　http://up-links.jp/

Facebook　http://www.facebook.com/momo.uplinks

取材協力／森川滋之

カバー・本文デザイン／金井久幸（TwoThree）

DTP／TwoThree

イラスト／ふせゆみ

普通の主婦がネットで4900万円稼ぐ方法

2013年4月2日　初版発行

著　者　山口朋子

発行者　太田 宏

発行所　フォレスト出版株式会社

〒162-0824 東京都新宿区揚場町2-18　白宝ビル5F

電話　03-5229-5750（営業）

03-5229-5757（編集）

URL　http://www.forestpub.co.jp

印刷・製本　中央精版印刷株式会社

ISBN978-4-89451-560-4　Printed in Japan